Claudia van der Sluis

DIE VIER ELEMENTE

TEIL 4

DAS ELEMENT LUFT

IRIS
Bücher & mehr

Hinweis des Verlages:
Die Empfehlungen, Behandlungsmethoden, Informationen, Übungen, Rezepte, Aussagen usw. in diesem Buch wurden von der Autorin und dem Verlag mit größter Sorgfalt geprüft. Die Autorin und der Verlag übernehmen jedoch keinerlei Haftung für eventuelle Schäden, die durch den Gebrauch oder Mißbrauch der Informationen in diesem Buch entstehen. Die Informationen in diesem Buch sind für Interessierte gedacht und sind nicht als Therapie- und Diagnoseanweisung im medizinischen Sinne zu verstehen.

ISBN 90-6361-021-1

Die Originalausgabe erschien unter dem Titel:
Lucht – De Vier Elementenreeks, Deel 4

Weitere Informationen über unsere Titel:
www.irisbuch.com

Umschlaggestaltung: Studio Paul C. Pollmann
Satz und Layout: Rufus C. Camphausen
Übersetzung aus dem Niederländischen: Jolanda ter Berg

INHALT

VORWORT

Das Element Luft steht für den männlichen Aspekt und wird mit Geist, Intellekt, Sprache, logischem Denken, Fortbewegung, Atmosphäre, Duft und dem Frühling assoziiert. Luft verschafft Einsicht, weil dieses Element das Denkvermögen anregt. Auch die Fähigkeit zur Kommunikation gehört zur Luft. Das geschriebene und gesprochene Wort stehen dabei im Mittelpunkt.

Wer an Luft denkt, denkt vielleicht nur an die Luft, die wir einatmen. Aber mit Luft ist viel mehr gemeint. Luft steht auch für Verbindungen und Reisen. Und Luft ist buchstäblich lebenswichtig für uns.
In diesem Buch möchte ich Ihnen so viele Einblicke wie möglich in die Vielfalt dessen geben, was der Begriff Luft alles bedeuten kann. Zusammen mit den anderen Büchern über die Elemente Erde, Feuer und Wasser bildet dieses Buch über das Element Luft ein Mosaik von theoretischem Wissen und praktischen Anwendungen auf verschiedenen Gebieten, in denen die Elemente eine besondere Rolle spielen. Alles was Sie hier lernen, können Sie gleich in die Praxis umsetzen.

Claudia van der Sluis

HINTERGRÜNDE ZUM ELEMENT LUFT

Erde ist fest, Wasser ist flüssig, Feuer ist versengend – Luft ist unfaßbar. Unsichtbar rinnt sie zwischen unseren Fingern hindurch, fast wie unsere Gedanken, die ebenso frei durch die Lüfte schweben. Luft wird mit Atmen assoziiert. Luft gibt uns Leben und ist überall: um uns herum, in uns, über uns.

Gerade so wie Erde und Wasser ist Luft Voraussetzung fürs Überleben. Der Unterschied ist allerdings, daß man gut einige Wochen ohne Essen und einige Tage ohne Wasser auskommt, aber nur ein paar Minuten ohne Luft. Luft ist Lebensenergie. Und das meint nicht nur das Atmen; es umfaßt viel mehr, das Denken beispielsweise.

In der astralen Welt der Gedanken und Ideen können Sie denken, wie Sie wollen: Es ist Ihre (Gedanken-)Welt. Ideen und Theorien manifestieren sich in der astralen Welt derart, daß sie schon Wirklichkeit sind, bevor sie komplett gedacht sind. Das ist pure Magie, ein Frage von Konzentration, Visualisieren und Willenskraft. In diesem Sinne bildet Luft die Basis für alles, was auf der Erde errichtet wird.

Luft ist Kontakt

Die Elemente Luft und Erde sind jeweils das Gegenteil des anderen. Erde ist mit dem Grobstofflichen verbunden, mit der festen Materie, während Luft dem Feinstofflichen verwandt ist, der Welt des Ungebundenen, der Gedanken, des geistigen Auges und des sechsten Sinns. Die Selbstbetrachtung gehört ebenso dazu wie die Kommunikation, das Reisen und Kontakte, das Aneignen und Mitteilen von Wissen, Inspiration, Erfindungsgeist und Sehnsucht.

Und weil Luft mit der inneren Welt in Verbindung gebracht wird, gehört auch das Reisen im Geist dazu: das Austreten, Trancereisen in der astralen Welt oder vierten Dimension. Jede intuitive Wahrnehmung hat etwas mit Luft zu tun und dem, wie die Sinne dieses Element erleben.

Schnuppern wir einmal in die Welt der Gerüche. Jeder Mensch hat seinen eigenen Geruch, auch wenn wir ihn häufig mit sündhaft teuren ‚Gesellschaftsdüften' übertönen.
Der Geruch ermöglicht uns, andere zu erkennen. Manche Frauen sagen, ein neugeborenes Kind sei das Beste, was sie je gerochen hätten, aber auch Männer sagen dies über Frauen und umgekehrt. Sie wählen Ihren Geliebten immer nach seinem/ihrem Geruch. Die Pheromone (Duftstoffe), die wir mit dem Schweiß absondern, bewirken nämlich die Auslösung von Lustgefühlen.
Duft ist übrigens auch mit dem Gedächtnis und unseren Emotionen verbunden. Ein Geruch ruft Erinnerungen und damit Gefühle wach. So kann der Duft von Gemüsesuppe Sie in die Zeit zurückführen, in der Sie früher bei Ihrer Oma eine Tasse Suppe serviert bekamen und Sie empfinden bei dieser Erinnerung, was Sie früher empfunden haben. Ein Haus, in dem Sie früher gewohnt haben, das Plätzchen, wo Sie mit Ihrer ersten Liebe gewesen sind, Ihre alte Schule, alles ist verbunden mit Düften, Geruchserinnerungen. Manchmal ist es richtig schade, daß man solche Düfte nicht in Flaschen aufheben kann, um sich wieder in spezielle Momente zurück zu riechen. Leider ist und bleibt Luft unfaßbar und in dem Moment, wo mit einem bestimmten Geruch eine Erinnerung in Ihnen aufblitzt, wissen Sie, daß das Aroma auch schon wieder verflogen ist. Der Ausdruck ‚etwas ist längst verflogen' drückt diesen Aspekt sehr schön aus.

Luft und Aura

Die Atmosphäre ist die Aura unseres Planeten, vergleichbar mit Ihrer eigenen Aura.
Alles Natürliche, Lebendige besitzt eine Aura um sich herum: Pflanzen, Tiere und Menschen, sogar Steine und natürlich auch die Erde selbst. Sie ist zugleich Medium der intuitiven Kommunikation und Schutzhülle. Die Aura besteht aus einer Reihe feinstofflicher Energiefelder, die in Schichten übereinander liegen, und wird teilweise durch das körpereigene Energiesystem gebildet. Die äußeren Schichten schützen den grobstofflichen (physischen) Körper vor schädlichen äußeren Energien. Kommunikationsprozessen geschehen ebenfalls über die Aura, die Gemütszustand,

Stimmung, Gefühle, Erinnerungen und Erfahrungen der Person nach außen transportiert. Alles, was wir erleben, strahlen wir förmlich aus. Sensible Menschen spüren das, der eine mehr, der andere weniger. Fakt ist aber, daß jeder Mensch grundsätzlich die Fähigkeit hat, die Aura eines anderen wahrzunehmen. Das geschieht rein intuitiv, nicht über das Bewußtsein. Mit anderen Worten: Betrachten, ohne darüber nachzudenken, was Sie sehen oder sehen wollen.

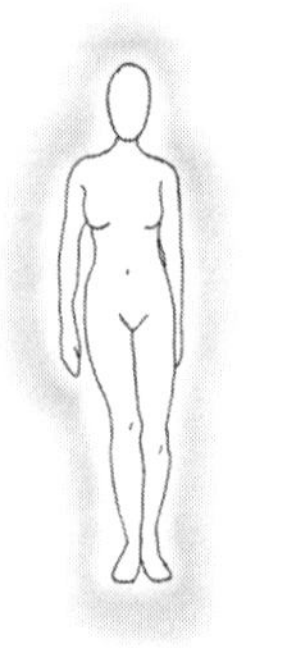

Wenn es auch jedem möglich ist, die Aura wahrzunehmen, so ist es sicher nicht jedem möglich, die Aura auch spontan in Farbe zu sehen. Es gibt jedoch Methoden, das zu trainieren.
Jede Aura ist einzigartig und es gibt unendlich viele Farbnuancen. Die Farbverteilung kann viel über eine Person aussagen, ebenso die Form und die Intensität der Aura.
Die Anteile von hellen und dunklen Farben geben schon wichtige Hinweise. Helle Farben haben einen höheren Schwingungswert und sind positiv, während dunkle oder harte Farben einen niedrigeren Schwingungswert haben und die weniger schönen Seiten zeigen. Die meisten Menschen haben sowohl helle als auch dunkle Farben in ihrer Aura. Schließlich hat jeder positive wie negative Gefühle und Erfahrungen. Die Farben hängen aber auch von der Laune der Person ab. Ein erboste oder frustrierte Person wird eine dunklere Aura haben, als jemand, der sich glücklich fühlt.

Auren haben unterschiedliche Formen, die von Mensch zu Mensch variieren. Es ist schwierig, darüber etwas Allgemeingültiges zu sagen, ohne gleich in Details abzuschweifen.
Einige Merkmale: Blockaden erkennt man daran, daß eine Aura dann an bestimmten Stellen enger am Körper anliegt. Eine kleine, straffe Aura deutet auf Angst hin. Eine ausgeglichene Person hat dagegen eine größere und weitere Aura. Krankheit ist deutlich erkennbar, ebenso Alkohol- oder Drogenmißbrauch. Die Aura ist bei solchen Menschen sehr dünn und strahlt kaum, da alle Energie im Körper selbst benötigt wird. Gesundheitsprobleme äußern sich, wie schon gesagt in der Aura. Wenn Sie konzentriert mit den Händen über die Aura eines kranken Men-

schen streichen, können Sie kalte und warme Bereiche spüren. Sie müssen, um das zu können, zunächst Ihren Geist so einstellen, daß Sie ihre eigene Energie fühlen. Die wird nämlich durch das Aurafeld des ‚Patienten' beeinflußt. Das sanfte Streicheln mit Ihren Händen darüber läßt Sie dann die Stärke oder Schwäche der Aura des anderen spüren. Eine Aura kann sich sehr unterschiedlich anfühlen. Selbst wenn die betastete Person in verschiedenen Sitzungen dieselbe Aura hätte, würde sich diese immer wieder anders anfühlen, denn das Gefühl entsteht durch Zusammenwirken Ihrer eigenen Aura und der Aura der Person, die Sie ‚kosmisch' betasten.

Eine Aura exakt zu erfühlen und zu benennen ist so wie das Erlernen und Spielen von Noten in der Musik. Allerdings gibt es keine ‚Notenschrift' für die Aura, nach der Sie diese tiefe Körpersprache erlernen könnten. Sie müssen beim Aura-Lesen immer Ihre eigenen situationsbedingten Gefühle mit im Blick haben, wodurch Sie sich automatisch selbst auch näher kommen.

Sie können eine Aura sehen und fühlen. Das wichtigste darf aber nicht vergessen werden: Das Kraftfeld, das jeder um sich herum hat, kann auch beeinflußt werden. Sie können in das Energiefeld eines anderen eingreifen. Die Energie, die Sie z.B. während des Heilens einsetzen, muß irgendwoher kommen. Sie können dabei aus Ihrer eigenen Kraft schöpfen, aber auch die universellen, überall anwesenden Energien anzapfen.

Magnetisieren, als der Gebrauch der eigenen Energie, wird am häufigsten angewendet. Daraus können wir schließen, daß es einfacher ist, die eigene Energie zu steuern, als Energien von außen.

Reiki arbeitet mit der universellen Energie. Sie fischen dabei in einem unendlichen Energiemeer, wobei Ihre Absicht die einzige Grenze ist. Den kosmischen Fisch, den Sie fangen, schenken Sie dem Empfänger. Ebenso wie beim Sehen und Fühlen der Aura, ist es auch beim Magnetisieren und beim Reiki sehr wichtig, in welchem Zustand Sie sich selbst gerade befinden. Tun Sie beides also nur, wenn Sie sich völlig in der Lage dazu fühlen und es mit voller Überzeugung tun. Sonst wirkt es nicht. Am Arbeitsplatz, in der Liebe, bei Freundschaften und besonders während der persönlichen Entwicklung kann das Lesen einer Aura eine wertvolle Ergänzung der anderen Alltagseindrücke sein. Und wenn Sie nicht in der Lage sind, es selbst zu tun, dann lassen Sie Ihre Aura doch einmal von jemand anderem betrachten. Der kann Ihnen dann Tips geben, wie Sie Ihre Ausgeglichenheit wiederfinden.

Auraconsult

Auren können mit Hilfe der Kirlian-Fotographie sichtbar gemacht werden. Dabei wird ein Teil des Körpers (zumeist der Kopf) fotografiert und zugleich werden die Gefühle an der Hand mit einem Meßgerät gemessen, das mit dem Fotoapparat verbunden ist. Auf dem Papierabdruck sieht man dann später eine Wolke von Farben um den fotografierten Körperteil herum.

Auf S. 83 finden Sie Übungen, um das Aurasehen zu lernen. Auf S. 140 finden Sie eine Aufstellung der Farbensymbolik.

Norden, Osten, Süden, Westen

Das Element Luft wird zumeist mit dem Osten und dem Frühling verbunden. Der Osten ist der Ort für das Heilen, Wahrsagen, für Kreativität, Intuition, Wiedergeburt, neue Lernstoffe, Willenskraft und Kommunikation.

Gerade durch das Kommunizieren mit anderen entwickeln Luft-Menschen ihre Ideen und teilen sie auch mit. Während die Erdzeichen eher als Erbauer der Welt gesehen werden, da sie konkrete Gedanken in die Praxis umsetzen, sind Luft-Menschen diejenigen, die sich zunächst ausdenken, was später vielleicht Formen annehmen kann.

Die Bezeichnungen für unsere Windrichtungen leiten sich aus der germanischen Mythologie ab. Darin tragen vier Zwerge mit den Namen Austri, Sudri, Nordri und Westri zusammen Asgard, das Himmelsgewölbe.

DIE GESCHICHTE DER ELEMENTE

Über Tausende von Jahren verehrten die Völker auf der ganzen Welt die Elemente in Ritualen und Gebräuchen. Die Sumerer schrieben ihnen eigene Götter zu. So herrschte Anu über das Feuer, Enlil über die Luft, Ea über das Wasser und Marduk über die Erde. Auch später wurden die vier Urelemente mit Göttern und Göttinnen, Himmelsrichtungen, Planeten und Tierkreiszeichen verbunden.

Im Buch über das Element Erde habe ich über die Entstehung des Begriffs Elemente berichtet. Jeder Naturphilosoph hatte seine eigene Theorie über das Entstehen der Welt. Der Grieche Anaximenes (585 - 528 v.Chr.) dachte, der Mensch bestehe aus Luft. Er verglich die Seele mit dem kosmischen Atem, womit er das Weltall meinte. So verrückt war seine Theorie nicht. Luft ist tatsächlich grenzenlos und reicht bis in die entferntesten Winkel. Alles ist dadurch miteinander verbunden. Was eine Person ausatmet, atmet eine andere wieder ein und vice versa.

Aber was war mit den festen Stoffen, der Materie, die auch Veränderungen unterliegt? Ein Blatt Papier verändert sich durch Feuer zu einem Häufchen Asche. Unser Körper, ein Klumpen Materie, verändert sich, wächst, altert und stirbt. Und so gibt es viele Beispiel für die Veränderlichkeit der Materie.

Anaximenes hielt dagegen: Der Atem bringt das Leben hervor und kann durch Verdichtung oder Verdünnung auch die anderen Elemente beeinflussen. „Genau wie unsere Seele, die aus Luft besteht, uns zusammenhält, umfaßt der Atem und die Luft die gesamte Welt." Indem die Luft verdünnt wird, entsteht Feuer, indem sie verdichtet wird, entsteht Wasser. Zunächst entsteht bei Verdichtung der Luft Wind, dann eine Wolke, anschließend Erde und schließlich Stein. Angesichts der Zeit war dies eine durchaus annehmbare Theorie und die Ideen des Anaximenes fanden eine ganze Weile Gehör. Seine Theorien erwiesen sich aber als Fehlschlag, als schließlich Empedokles seine rational erklärbare Theorie der vier Elemente aufstellte.

Sterndeutung, Planeten und Tierkreiszeichen

Auch in der Astrologie werden die Begriffe Erde, Luft, Wasser und Feuer verwendet.

Der eigentliche Ursprung der Astrologie liegt lange vor der Zeit der Griechen, wenngleich viele behaupten, erst mit den Griechen habe die Astrologie als solche begonnen. Aber schon die Chaldäer (Babylonier), die Nachfolger der Sumerer, studierten die Planeten sehr intensiv. Anhand der Sterne, Planeten und ihrer Bahnen am Himmel trafen sie ihre Vorhersagen.

Die Chaldäer waren sehr versiert in Astronomie und Kosmologie und glaubten, das die Götter ihren Willen in den Sternen und Planeten erkennbar zeigten. Sie betrachteten den Himmel als ein Buch, das nur auf die richtige Weise gelesen werden brauchte, um es zu verstehen. Sie waren so in der Lage, z.B. fehlerlos die Sonnen- und Mondfinsternisse vorherzusagen.

Übrigens beobachteten sie nicht nur den Himmel, sondern deuteten auch andere Zeichen wie Erdbeben und Vulkanausbrüche. Sie gaben den Planeten Namen, ebenso wie die Griechen und die Römer: Saturn, Jupiter, Mars, Sonne, Venus, Merkur und Mond. Weiterhin unterteilten sie die Sterne in Gruppen, die Sternbilder – nicht zu verwechseln mit den heutigen Tierkreiszeichen. Deren Namen leiten sich zwar von den babylonischen Sternbildern her, stimmen aber aufgrund der Präzession nicht mehr mit ihnen überein.

Die Sternbilder kann man am Himmel sehen, die Tierkreiszeichen nicht. Sie bilden einen gedachten Kreis um die Erde von 360°, der in zwölf Gebiete (Häuser) unterteilt ist, die jeweils 30° umfassen. Dieses System entstand um 1000 v.Chr. und wird noch heute verwendet.

Sterne

Wie viele Sternbilder es ursprünglich gegeben hat, ist umstritten. Einige zählen 72, andere 18 oder 15, manche auch 12.

Die alten Ägypter hatten ihre eigenen Vorstellungen und arbeiteten mit 36 Sternbildern. Sie, die unter anderem einer Sternenreligion anhingen, glaubten, daß der Stern Sirius mit den regelmäßigen Überschwemmungen des Nils zu tun hatte. Es fiel ihnen auf, daß Überschwemmungen immer dann auftraten, wenn Sirius zu sehen war, ungefähr einen Monat nach der Sommersonnenwende. Damals unterteilte man das Jahr in drei ‚Jahreszeiten':

- Die Überschwemmung des Nils, nach der Sommersonnenwende bis Oktober;
- Die Aussaat in die fruchtbare Erde, die der Nil nach seinem Rückzug hinterlassen hatte, von Oktober bis November;
- Die Ernte, von Januar bis April.

Der Nil galt bei den alten Ägypter als Spiegelbild der Milchstraße und die drei Pyramiden von Gizeh bildeten eine exakte Abbildung des Sternbilds Orion.

Die 36 Sternbilder, Dekaden genannt, herrschten jeweils über zehn Tage eines Jahres. Jedes Tierkreiszeichen umfaßte drei Dekaden, z.B. 1. Dekade von Widder, 2. Dekade von Widder etc. Diese Einteilung, auch als thebanischer Tierkreis bekannt, fand man im Hathor-Tempel von Dendera.

Die fünf verbleibenden, sogenannten epagomenalen Tage, wurden den fünf wichtigsten Göttern zugeschrieben: Osiris, Isis, Seth, Nefthys und Horu. Sie bildeten eine Art Ruhepol im Übergang von einem zum folgenden Jahr.

Diese alte astrologische Jahresgliederung kannte noch keine Verbindung zu den vier Elementen. Auch in der babylonischen Sterndeutung, die eine Mischung aus Astronomie, Astrologie und Wahrsagen war, finden wir keinen Hinweis auf die Elemente. Faktisch war ihre Sterndeutung der Vorläufer der ägyptischen Astrologie, die Sternenkult, Steine, Magie, Kosmologie und Heilkunde einbezog. Daß aber die Urbegriffe in der ägyptischen

Mythologie, im Totenkult und im täglichen Leben sehr wohl eine Rolle spielten, wird dennoch deutlich. So verkörperten die vier Söhne des Horus, die in ihren Kanopen (Krügen) die Eingeweide der Verstorben aufbewahrten, die vier ‚Urstoffe'. Sie sind wiederum verbunden mit den vier Windrichtungen: Imsety/Amset – Feuer/Süden; Duamutef – Luft/Osten; Qebhsnuf/Kebehsenuf – Wasser/Westen; Hapi – Erde/Norden.
Die vier Windrichtungen, die vier Himmelsregionen und die vier Himmelssäulen – alles wichtige Element in der Mythologie. Und dann sind da noch die vier Zentren, in denen sich die großen Mysterienschulen befanden, die wiederum wichtigen Göttern zugeordnet waren: Heliopolis – Ra, Memphis – Ptah, Theben – Amon und Hermopolis – Thot. Auffallend ist, daß die große Sphinx von Gizeh die vier Elemente zu symbolisieren scheint. Der Kopf ist ein Menschenkopf, der Körper der eines Stiers, die Tatzen und der Schweif stammen vom Löwen, die Flügel vom Adler. Doch ist man sich da nicht einig, manche sehen auch den Körper der Sphinx als einen Löwenkörper an.

Nach Murry Hope, Autorin des Buches *Die Sirius-Connection*, verkörpert der fünfzackige Stern, mit dem Sirius dargestellt wird, die Elemente Erde, Luft, Feuer und Wasser. Der fünfte Zacken soll die Zeit symbolisieren, als Sinnbild der Veränderlichkeit in der Entwicklung der Elemente.
Alexandria gilt als Wiege der Astrologie. Leider wurde die sagenumwobene Bibliothek von Alexandria durch einen großen Brand zerstört.

Man nimmt an, daß der Tempel von Dendera ungefähr aus der Zeit um 100 v.Chr. stammt. Sicher ist dies aber nicht. Steine sind schwer zu datieren und sonst gibt es kaum Überreste, da das meiste durch Christen im Laufe der Jahrhunderte zerstört oder gestohlen wurde. So ist etwa das Gesicht der Göttin Hathor auf jedem Bildnis zerschlagen. Eine Replik des berühmten Tierkreises von Dendera ersetzt das Original im noch zu sehenden Teil des Tempel. Das Original ist im Louvre in Paris ausgestellt.

Doch gibt es noch einige frühe Überbleibsel der frühen Astrologie, die sich auf die Zeit um 500 v.Chr. datieren lassen.

Die Elemente und die Tierkreiszeichen

Irgendwann muß es einen Augenblick gegeben haben, in dem die Eigenschaften der Elemente mit den Tierkreiszeichen verbunden und festgelegt wurde daß:

- Widder, Löwe und Schütze Feuer-Elemente besitzen;
- Stier, Jungfrau und Steinbock Erdzeichen sind;
- Zwillinge, Waage und Wassermann Qualitäten haben, die mit dem Element Luft einhergehen;
- Krebs, Skorpion und Fische typische Wasser-Eigenschaften haben.

Wie kam man dazu? Zweifellos stimmen diese Zuordnungen. Was mich und viele andere überzeugte Anhänger der Astrologie betrifft, sind die Beweise überdeutlich. Wenn Sie nämlich einmal genau unter die Lupe nehmen, wie es sich mit den Elementen in Ihrem eigenen Geburtshoroskop verhält, oder denen von Menschen in Ihrer Umgebung, dann passt verblüffend viel zueinander.
Wie diese Zuordnung jedoch geschah, ist nirgends nachzuweisen. Ich denke, es handelte sich einfach um eine Frage der Beobachtung und der Assoziation. Der Mensch hat etwa die Tierwelt immer sehr intensiv studiert. Im Schamanismus beispielsweise, der vermutlich so alt ist wie die Menschheit selbst, sind Tiere wichtige Vorbilder, treue Mitgeschöpfe, die häufig als Quelle der Inspiration dienten. Andere Tiere werden geopfert, ihre Köpfe und Häute fanden in Ritualen Verwendung. Es ist sehr wahrscheinlich, daß das Verhalten der Tiere die alten Völker inspiriert hat, als sie den Himmel betrachteten und den Sternbildern überwiegend Tiernamen gaben.

Der Tierkreis soll im Zeitalter des Stiers, also in der Zeit von ca. 4282-2138 v. Chr., entstanden sein. Das Wort Zodiak stammt vom griechischen *zodiacos*, was soviel bedeutet wie ‚lebender Kreis, Kreis der Tiere'. Aber es gibt auch vier Zeichen, die keine tierischen Bezeichnungen tragen. Vermutlich spielten diese vier innerhalb des Tierkreises eine völlig andere

Rolle als die anderen Zeichen. Die Babylonier haben wahrscheinlich geschaut, was mit den ihnen bekannten Symbolen am ehesten übereinstimmte und daran ein ähnliches Sternbild gebunden. Sie betrachteten die Sterne vielleicht als eine Art Linienrätsel, wobei man mit einer Linie einen Punkt mit dem nächsten verbindet. Als sie in den Himmel sahen und auf diese Weise einen Löwen in einer Sternengruppe zu erkennen glaubten, dachten sie wohl, daß dieser Löwe mit seinen Eigenschaften sie auf etwas hinweisen wollte. Um herauszufinden, was dies sein könnte, werden sie sich mit dem Verhalten des Tieres genauer beschäftigt haben (die Eigenschaften dieses Tierkreiszeichens finden Sie im Buch über das Feuer). Ähnlich verhält es sich mit den anderen Sternbildern.

Was ist nun mit den Bezeichnungen der anderen vier Zeichen:
Eine Jungfrau galt in der damaligen Zeit als ein eigenständiges Wesen, da sie nicht durch das Band der Ehe beschränkt war, und stand symbolisch für das Matriarchat. Sie stand also für große Kraft, für jemanden der Ordnung in eine Sache bringt. Das Ordnen ist nun auch eine Eigenschaft derer, die unter diesem Zeichen geboren sind.
Zwillinge haben mit Kommunikation zu tun. Um ‚Kommunikation' symbolisch darzustellen, kann man zwei Menschen zeichnen. Zwillinge sind aber auch ein schönes Bild für Menschen, die häufig ihren Standpunkt wechseln bzw. das eine sagen und das andere tun.
Waage ist gut als das Symbol für die Suche nach Gleichgewicht, nach Zusammenarbeit und Harmonie zu sehen.
Und ein Wassermann schließlich ist jemand, der schenkt und damit Leben und Energie, eine Person mit Teamgeist, der aber doch Individualität besitzt.

Kann man so beschreiben, wie man in früheren Zeiten die wichtigsten Symbole erlebte? Ich glaube schon. Die Sternenwelt vergrößerte diese Symbolik und strahlte sie über die ganze Welt. In jeder Nacht sah man die Sterne, das jeweilige Sternenbild und wurde mit dem Verhalten der Menschen und dem, was auf der Erde geschah, konfrontiert. Und man sah Zusammenhänge...

LUFT IN KULT, (NATUR-)RELIGION UND WELTANSCHAUUNG

Im germanischen Heidentum waren es die Heldensagen und Lieder der Edda, die den Menschen wichtige Lektionen lehrten. In den surinamischen Wintis, über die im Westen kaum jemand etwas weiß, sind Götter und Geister die alltäglichen Mitgeschöpfe des Menschen.

In einem Buch über das Element Luft liegt es nahe, intellektuelle Systeme wie die Theosophie, die Hermetischen Schriften und verschiedene Geheimbruderschaften zu betrachten. Doch gilt auch hier wie für jeden Glauben und jede Weltanschauung, daß sie nicht jeweils an nur ein Element gebunden sind, sondern alle Elemente in sich vereinen.

Heidentum und Paganismus

Das Wort 'Heiden' wird von Christen verwendet, um Personen damit zu bezeichnen, die keine Christen sind. Dahinter steht die etwas fragwürdige Auffassung, daß ausschließlich Christen dem einzig wahren Glauben anhängen. Die Worte Heiden und Heidentum sind verwandt mit den Worten Pagan und Paganismus, Begriffe, die wegen ihres weniger negativ konnotierten Klanges in der Gegenwart häufiger verwendet werden. Der Paganismus, oder besser, die verschiedenen paganistischen Religionen, sind wesentlich älter als das Christentum, welches aber durchaus zahlreiche Elemente heidnischen Ursprungs aufgenommen hat.

Germanisches Heidentum

Der Asenglaube, wie das Germanische Heidentum, die nordische Tradition oder der Odinismus auch genannt wird, ist eine lebendige Naturreligion, in der die germanische Mythologie die Hauptrolle spielt. Die Natur, die Menschen, die Sprache und die Geschichte sind gleichfalls wichtig. Ásatrú, ist eine Strömung innerhalb des Germanischen

Heidentums, so wie Wicca eine Strömung innerhalb der modernen Hexerei ist.
Der Asenglaube hat in aller Welt viele Anhänger. Die meisten Anhänger sind in Deutschland, den Niederlanden, Skandinavien, Island, England und Schottland zu finden. Sie nennen sich auch Ásatrúar. Die Geschichte dieses Glaubens reicht viele Jahrhunderte bis in die Zeit der Wikinger zurück. Wie andere Paganisten auch feiern die germanischen Heiden die Jahresfeste und befassen sich unter anderem mit Symbolik, Ritualen, dem Studium der Sagen, der Archäologie, der Geschichte, dem Wahrsagen und manchmal auch mit (Runen-)Magie.

> Früher glaubte man, daß Thor während eines Gewitters mit Blitz und Donner durch die Lüfte flog, um die Monster und Dämonen mit harter Hand und seinem magischen Hammer Mjollnir zu bekämpfen und in die andere Welt zu jagen. Ein Blitzeinschlag in die Erde war heilig, symbolisierte er doch das Zusammentreffen des Göttlichen mit dem Irdischen.
> Thor versinnbildlichte mit Mjollnir die rauhe und unaufhaltsame Energie, die Blitze freisetzen. Der Hammer ist nicht nur ein Kraftsymbol, sondern steht auch für Fruchtbarkeit. Viele sehen sogar ein Phallussymbol darin.

Das Germanische Heidentum läßt sich kaum in einem Satz beschreiben. Man muß erlebend in es hinein wachsen. Leider gibt es viele falsche Auffassungen über diesen Glauben, da die Nazis etliche Elemente daraus in ihre Ideologie aufnahmen. Das Hakenkreuz z.B., ursprünglich jahrhundertelang als Sonnenrad in vielen Kulturen gebräuchlich (etwa auch bei den Azteken), symbolisiert die Sonne. Dieses uralte Symbol wurde von Hitler und seinen Schergen schamlos annektiert.
Der Mißbrauch des Germanischen Heidentums durch die Nazis hat dazu geführt, daß diese Religion immer noch einen negativen Ruf hat. Viele Außenstehende lassen sich davon abschrecken und Anhänger

werden als ultrarechte Sympathisanten verdächtigt. Tatsächlich fühlen sich viele Neonazis gerade wegen des vordergründigen Zusammenhanges mit dem Dritten Reich von dieser Religion angezogen. Auf der anderen Seite ist aber diese Zeit unter den meisten wirklichen Anhängern ein Tabu, gerade weil man damit nicht in Zusammenhang gebracht werden möchte.

Sicher vertiefen sich die Germanischen Heiden aktiv in die Folklore und Geschichte ihres eigenen Landes, und es ist auch richtig, daß sie der eigenen bzw. Sprachen germanischen Ursprungs den Vorzug geben. Sie tun dies nach eigener Angabe, weil es ihnen wichtig ist, dieses Kulturgut zu erhalten. Das macht sie aber noch lange nicht zu Rassisten oder Nazis. Sie sehen sich als Verfechter ihrer eigenen Kultur, wobei sie Normen und Werte ehren, die etwa in der Hávamál, einem Teil der Edda, beschrieben sind. Die Hávamál ist eine allgemeine Morallehre, eine Art Handbuch zur Lebensgestaltung des Germanischen Heiden. Die ‚Neun noblen Tugenden' daraus lauten: Ehre, Schutz, Erfolg, Wissen, Veränderung, Aufrichtigkeit, Ausgeglichenheit, Kontrolle und Kampf. Sie zeigen mehr oder minder den Kern dieser Strömung, den Kampf zwischen Schöpfung und Vernichtung. Für einen Germanischen Heiden ist die kin (Verwandtschaft, Sippe, Familie) das wichtigste. Im Englischen gibt es dieses Wort noch heute in dieser Bedeutung.

Den germanischen Pantheon kann man grob in zwei Gruppen aufteilen: die streitlustigen und kräftigen Asen (Aesir), die jeden Kampf aufnehmen und die Vanen (Vanir), die Fruchtbarkeitsgötter. Letztere sind verantwortlich für eine gute Ernte und schönes Wetter. Sie leben weit voneinander entfernt, denn nach ihrem Streit um die Macht war zwischen ihnen eine Kluft entstanden. Die Asen wohnen in Asgard und die Vanen in Vanenheim.

In der germanischen Mythologie versuchen die Vanen und die Asen angesichts des Ragnarök zu überleben, welches das Ende der Zeiten einläutet. Ihr immer wieder aufflammender Streit wird in der Edda und in den zahllosen Sagen beschrieben, die viele Elemente der germanischen Mythologie beinhalten. Zumeist erfahren wir darin etwa über die Asen, über die daher mehr bekannt ist als über die Vanen. Sehr beliebt sind die isländischen Sagas, die sehr authentisch über die Frühzeit berichten.

Der Lebensbaum Yggdrasil, ein Esche (s. S. 113), verbindet die neun Welten miteinander und ist die Achse des Universums, auf der alles ruht. In der Mitte liegt Midgard, die Welt der Menschen.
Beim Lebensbaum leben die drei Nornen, die Schicksalsgöttinnen Urd (Vergangenheit), Verdandi (Gegenwart) und Skuld (Zukunft) Sie bestimmen das Schicksal der Zwerge, Elfen, Riesen, Götter und Menschen. Die Äste Yggdrasils reichen bis in die Welt der Götter, Asgard, welche von einer riesigen Mauer umringt ist. Dort liegen die zwölf Hallen der Götter, in denen die Asen um den Mittelpunkt Glastheim herum wohnen. Hier empfängt Odin in der Walhall die gefallenen Krieger. Manchmal zeigen sich die Götter trotz ihrer Macht so verletzlich wie Menschen. Aber der Schein trügt, denn sie sind immer stark, selbst wenn es ihren (zeitweiligen) Untergang bedeutet.
Während des Ragnarök kämpften die Götter gegen ihre Feinde, die Riesen. Mit ihrer Streitlust und ihrem Mut wußten sie ihr Gefolge zu motivieren. Kriechen galt für sie als Zeichen der Schwäche, aber kämpfen bis zum Tod als ein Zeichen von Mut und Kraft.

Opfer zu bringen, um Weisheit zu erlangen, ist eine Aufgabe, die fast jeder hingebungsvolle Heide unerschrocken angeht. Als Vorbild gilt unter anderem der Gott Odin. Dieser hing neun Tage und Nächte am Baum Yggdrasil und ertrug sein Leiden mit großer Ausdauer.

Folgender Witz zeigt eindrucksvoll die Unterschiede zwischen verschiedenen Religionen:
Schlage einen Christen und er wird auf dem Boden liegend sagen, du mögest zur Hölle fahren und dir die andere Wange auch noch hinhalten.
Schlage eine Wicca, und sie wird dir auf dem Boden liegend sagen, daß alles, was du gibst, dreifach zu dir zurückkehren wird.
Schlage einen germanischen Heiden, dann wird dir auf dem Boden liegend bewußt werden, daß dies ein schwerwiegender Fehler war...

Für sein Opfer wurde ihm er das Wissen um die Runen, die magische germanische Schrift, zuteil. Diese Tat symbolisiert einen rituellen Tod und findet als Bild eine Äquivalent auf der Tarot-Karte XII - Der Gehängte.

Die vielen Kämpfe in der germanischen Mythologie forderten ihren Preis unter den Göttern. Die verführerischen Walküren, Odins jungfräuliche Schildknappen, versorgten die gefallenen Krieger und brachten sie zu Odin und Freya. Odin lebte in Walhall und Freya in ihrer eigenen Halle Sessrimnir. Dort genasen die Kämpfer wie von Zauberhand und genossen die üppigen Festmahle und Trinkgelage bis sie wieder zu Kräften gekommen waren, um in den Endkampf, den Ragnarök, zu ziehen.
Die Germanen kannten weder Gut noch Böse, noch Sünde. Das gilt ebenso für die modernen Anhänger dieses Glaubens. Der Gott Loki galt als listiger Gott, der den anderen Göttern manchmal sehr auf die Nerven ging. Aber sie haßten ihn dafür nicht, denn sie begriffen, daß er so sein mußte, sonst wäre es ihr Untergang. Schließlich war er es, der durch seine Taten Stillstand verhinderte und die Entwicklung vorantrieb, so daß das Alte sich erneuern konnte. Thor steht für Ordnung und Loki für Chaos. Jeder ist auf seine Weise wichtig im Zyklus von Leben und Sterben. Ohne Tod gibt es kein Leben und ohne Chaos gibt es keine Ordnung.

Zauberei im germanischen Heidentum
In früheren Zeiten kannte man viele verschiedene Kulte innerhalb des Germanischen Heidentums. Offenbar griff man sich gern einen Gott oder eine Göttin aus dem Pantheon heraus, der bzw. die man besonders verehrte. So gab es u.a. mehrere Odin-Kulte, einen Thor-Kult und einen Freya-Kult.
Man darf annehmen, daß die Anhänger des Freya-Kultes die Vorläuferinnen der heutigen Hexerei waren. Sie wurden *hagzussa* genannt, ein Wort, das soviel bedeutet wie Zaunreiterin. Damit wurde jemand bezeichnet, der sich auf der Grenze zwischen den Welten aufhält: eine Hexe. Die Hagazussa, Seherinnen der Freya, wanden sich Katzenfelle um ihre Handgelenke, um eine bessere Bindung zu Freya zu bekommen

und das *seidh* effektiver ausüben zu können. Diese Form der Hexerei oder des Schamanismus, bei der man vor allem in Trance arbeitet, wurde früher übrigens angewendet, um wahrzusagen.
Die Hagazussa zog von Dorf zu Dorf und bot ihre Dienste an. Sie setzte sich auf einen erhobene Ort, etwa einen von Balken gestützten Stein, und postierte sich dort als Tor zwischen den Welten. Um sie herum nahmen die Frauen des Dorfes Platz. Sie begannen spezielle Gesänge (Chants) zu singen (s. S. 59) und halfen auf diese Weise der Seherin in Trance zu fallen. Dadurch erhielt sie Informationen, die sie an die Anwesenden weitergab. Manchmal wurde diese Magieform in Kriegsschlachten angewendet, wobei die Seherin ihre Kräfte einsetzte, um die Feinde sterben zu lassen. Seidh ist also eine Magieform, bei der das Reisen im Geist und das Beeinflussen aus einer anderen Welt heraus das Ziel ist. Magier unterschiedlichster Herkunft verwenden diese Methode auch heute noch.
Die bekannte Walpurgisnacht, die mit Beltane am 30. April oder 1. Mai zusammenfällt, wurde von den Priesterinnen der Freya ins Leben gerufen. In dieser Nacht soll der große Hexensabbat stattfinden (mehr dazu im Buch über das Element Feuer).

Die Germanischen Heiden nutzen Runen als Magieform und zum Wahrsagen. Das Futhark (heilige Schrift, Runenalphabet) wurde nicht im Alltag Schrift verwendet, sondern nur zu besonderen Gelegenheiten. Ihre Buchstaben wurden als Klänge gesungen oder aufgeschrieben und in bestimmten Sprüchen verwendet, um die Energien zu steuern, etwa als ‚Binde-Runen', zusammengestellte Runen mit einer – wegen der zusammengefügten Symbolik – ungeheuren Kraft. Die Runen sind Symbole des Universums. Wer die Runen und ihre Kombinationen versteht, versteht auch das Universum. Dies Art der Magie wird *galdr* genannt. In der Praxis ist der Umgang mit Runen nicht einfach. Es sind besonders starke Symbole, die sogar entgegengesetzt wirken können, wenn man keine Erfahrung damit hat. Es gibt Berichte über sehr mächtige Magier in der Zeit des II. Weltkrieges, welche die Runenmagie auf hohem Niveau beherrschten. Man sagt, daß diese Magier eng mit Hitler zusammengearbeitet hätten und sogar in seiner Regierung saßen.

Zwei Strömungen innerhalb des Germanischen Heidentums sind noch zu nennen, die oft mit dem Schamanismus verglichen werden, sich aber doch davon unterscheiden. Das sind zum einen die Berserker, ein Kult, der sich auf Bären bezog und ein Odin-Kult, der Wölfe in seinen Mittelpunkt stellte, über den aber nur wenig bekannt ist. Die Berserker besaßen mythische Kräfte. Sie waren Elitekrieger, die in der Lage waren, ihre Gestalt zu verändern, sogenannte shapeshifter oder Gestaltwandler. Ihre Kräfte machten sie unbesiegbar. Nur wer mit bloßen Händen einen Bären besiegt hatte, durfte sich Berserker nennen. Einen Kampf mit einem Bären überhaupt zu überleben, ist schon ein Wunder an sich! Die Berserker leben fort in den englischen Wörtern *berserk*, was wild oder sehr stark bedeutet und *to go berserk*, verrückt vor Raserei sein.

Die Hermetischen Schriften

Der ägyptische Thot, der griechische Hermes und der römische Merkur sind nach allgemeiner Auffassung ein und dieselbe Person: der Gott Hermes Trismegistos. Seine Name bedeutet Hermes der dreifach Größte. Es soll die Hermetischen Schriften zusammengestellt habe, die um 300 v.Chr. entstanden sein sollen, aber erst Jahrhunderte später weltbekannt wurden.

Diese Schriften sind für viele ein wertvoller Leitfaden, um das Leben in all seinen Facetten zu verstehen. Die Formel ‚Wie oben, so unten', die beinhaltet, daß alles, was im Makrokosmos auch im Mikrokosmos geschieht und umgekehrt, geht auf Hermes Trismegistos zurück.

Die Legende berichtet, daß die Texte ursprünglich von Hermes selbst in ägyptischer Sprache aufgeschrieben und später von unterschiedlichen Übersetzern ins Griechische übertragen wurden. Um wie viele Texte es sich dabei handelte, ist umstritten. Zumeist ist von 42 Büchern die Rede, es sind aber auch Angaben von bis zu 20.000 Büchern zu finden.

Der berühmteste Teil der Schriften ist das Corpus Hermeticum, welches aus 17 Abhandlungen besteht. Entstanden zwischen dem 1. und 3. Jahrhundert verzeichnet der Corpus Hermeticum Dialoge zwischen Hermes, Asklepios und Tat. Darin geht es vor allem um die Entstehung der Welt, um magisches und kosmisches Wissen. Diese Abhandlungen sollen das gesamte damalige Wissen der ägyptischen Mysterienschulen über Alchemie, Astrologie, Mathematik, Physik, Baukunst und Magie zusammengefaßt sein.

Den Stammbaum des Hermes Trismegistos stellte der persische Astrologe Abu Ma'shar (8. Jhd. n. Chr.) wie folgt zusammen:

- Vor der Sintflut, die nach Abus Berechnungen 3102 v. Chr. stattfand, lebte Hermes der Große, damals Thot genannt und auf Abbildungen mit einem Ibiskopf dargestellt. Er ließ die Pyramiden bauen und gab den Menschen die Schrift der Hieroglyphen (heiligen Zeichen).
- Hermes II. lebte um 600 v. Chr. Er lehrte die Menschen die Kunst des Heilens, die Mathematik und die Philosophie. Der Gelehrte Pythagoras (580 bis 496 v.Chr.) soll durch ihn in die mathematischen Künste eingeweiht worden sein.
- Der dritte war berühmt für seine alchemistischen und okkulten Künste.

Alle drei zusammen bilden Hermes Trismegistos. Es gibt unterschiedliche Auffassungen über diesen ‚Stammbaum'. Manche halten Hermes II. für den ‚eigentlichen, echten' Trismegistos. Er wird oft als Götterbote mit Flügelchen an den Füßen dargestellt. Sicher ist, daß die Hermetischen Schriften nicht aus der Feder einer Person stammen, sondern verschiedene Autoren haben.

Weitere (Geheim-)Gesellschaften

Das Element Luft läßt die Hirne arbeiten und fordert zur intellektuellen Forschung und Diskussion heraus. Leider ist es in diesem Buch aus Platzgründen nicht möglich alle interessanten Gesellschaften und Geheimbünde vorzustellen. Daher sind nur einige im Folgenden kurz genannt. Für tiefer gehende Informationen verweise ich auf die spezielle Literatur dazu.

Freimaurerei

Eine Strömung, in der die Mitglieder einer Loge beitreten und sich einem Prozeß der Bewußtwerdung unterziehen, indem sie sich selbst erforschen und sich mit anderen Logenmitgliedern austauschen.

Die Mitglieder können innerhalb des Ordens hierarchisch vom Lehrling bis zum Meister aufsteigen. Die Freimaurer bilden ein Netzwerk von Männern, die sich (auch finanziell und ökonomisch) durch dick und dünn beistehen. Freimaurer werden oft verdächtigt, nur auf Macht aus zu sein und daher führende Funktionen in Wirtschaft und Gesellschaft anzustreben. Tatsächlich finden sich in den meisten westlichen Ländern Freimaurer bis in die höchsten Kreise hinein.

1957 wurde in Amsterdam die *Bibliotheca Philosophica Hermetica* von Joop Ritman begründet. Diese umfangreiche Sammlung umfaßt Bücher aus den Gebieten Hermetische Philosophie, Utopismus, Humanismus, Philosophien der Renaissance, Spiritualität, mittelalterliche Mystik, Alchemie und Rosenkreuzertum.
Sie birgt wahre Schätze an Informationen aus der europäischen Kulturgeschichte vom Altertum bis zum Ende des 17. Jahrhunderts. Die Bücher werden zwar nicht ausgeliehen, aber nach Terminabsprache darf man sie einsehen.

Die erste niederländische Loge entstand 1734, die erste deutsche etwa 1736. Weltweit gibt es ca. fünf Millionen Mitglieder die sich auf Hunderte von Logen verteilen.

Wenngleich der Name es nahelegt, hat die heutige Freimaurerei nichts mit dem Steinmetz- bzw. dem Maurerhandwerk im praktischen Sinne zu tun, wohl aber mit dem Bauen im geistige Sinne. Tatsächlich waren früher aber die Freimaurer Baumeister, u.a. an den Kathedralen- und Kirchenbauten, und standen ganz in der Tradition dessen, was die alten Mysterienschulen ihren Lehrlingen weitergaben.
Symbolik und Rituale sind die Kernpunkte der Freimaurerei. Ihre Symbole sind allgegenwärtig. Pyramide, allsehendes Auge und Zirkel sind die bekanntesten Freimaurer-Symbole. Der Eintritt in eine Loge kann erst nach einer Prüfung erfolgen, die durchaus mehrere Monate dauern kann. Erst wenn einwandfrei nachgewiesen ist, daß der Aspirant ein tugendhafter Mensch ist, darf er beitreten.

Die Freimaurer unterscheiden weibliche und männliche Denkmuster. Für Frauen gibt es in den Niederlanden eine eigene Freimaurergesellschaft, die aus dreizehn Logen mit rund 500 Mitgliedern besteht und die über die ganzen Niederlande verteilt ist: Vita Feminea Textura, der Orden der Weberinnen. Diese Orden wurde 1947 gegründet und hat dieselben Ziele wie die männlichen Freimaurer-Logen.

Theosophische Gesellschaft

Diese philosophische Strömung wurde 1875 in New York von der Russin Helena Petrovna Blavatsky gegründet. Die Theosophen fördern das Interesse am Kosmos, am Göttlichen, an der Anthropologie und den

Eine der bekanntesten und einflußreichsten Geheimbünde wurde 1888 gegründet: The Hermetic Order of the Golden Dawn. Die Mitglieder studierten die Kabbala, Astrologie, die Hermetischen Schriften, Alchemie, zeremonielle Magie und die Theorien der Rosenkreuzer. Die Gründer Samuel Liddell MacGregor Mathers (1854-1918), William Robert Woodman (1828-1891) und William Wynn Westcott (1848-1925) waren Freimaurer und Rosenkreuzer. Berühmte Mitglieder waren unter anderem:

- William Butler Yeats (1865-1939), Schriftsteller und Dichter
- Dion Fortune (1890-1946), Autorin eines der wichtigsten Werke über die Kabbala
- Arthur Edward Waite, Schöpfer des nach ihm benannten Tarots und Autor von Büchern über Tarot, Alchemie und Kabbala.
- Aleister Crowley (1875-1947), berühmt-berüchtigter Magier und Autor
- Bram Stoker (1847-1912), Autor des *Drakula*
- Israël Regardie (1907-1985), Verfasser mehrerer Bücher über den Golden Dawn.

Der Golden Dawn Orden existiert zwar noch heute, wenngleich der ursprüngliche Zusammenschluß schon seit langem nach heftigen Auseinandersetzungen und Streits auseinander gefallen ist und sich in zahllose Splittergruppen zerfasert hat.

okkulten Wissenschaften und behaupten, daß ihre Grundgedanken auf die Zeit vor rund 2000 Jahren zurückgehen. Alle Wesen sind nach ihrer Meinung eins und entstammen der gleichen göttlichen Quelle. Jeder ist mit jedem eng verbunden. Auch hier steht die Entwicklung des Selbstbewußtseins im Vordergrund. Jeder Gedanke und jede Tat hat danach Einfluß auf den Denkenden bzw. Handelnden selbst, aber auch auf den anderen. So kehren wir letztlich alle zu dem einen göttlichen Quell zurück, dem wir entstammen.

Blavatsky zog zwanzig Jahre durch Europa, Nord- und Südamerika, Asien und den Nahen Osten. Sie studierte unterschiedliche okkulte Traditionen, was sie schließlich zu ihrem Hauptwerk, der vierbändigen *Geheimlehre*, inspirierte.
Die Theosophie ruht auf drei Grundpfeilern:
- Die Einheit alles Lebendigen in der Natur.
- Indem wir die alten und modernen Religionen, Wissenschaften und Philosophien studieren, fördern wir das Verständnis zwischen allen Menschen. Dadurch erhalten wir tiefere Einsicht in die essentielle Einheit des Lebens.
- Erforschung der geistigen, psychischen und materiellen Gesetze und Kräfte, die im Kosmos und im Menschen wirken.

Jeder kann in der Theosophischen Gesellschaft Mitglied werden. Es gibt weder Einweihungen noch hierarchische Ränge. Die Gesellschaft hat eine Website, auf der Sie sich informieren können.

Rosenkreuzer

Der Rosenkreuzer-Orden kennt ebenso wie die Freimauer in ihren Logen einen Einweihungsweg von mehreren Graden. Der Alte und Mystische Orden vom Rosen-Creutz (A.M.O.R.C.) ist einer der bekanntesten Orden. Seine Wurzeln liegen in den Mysterien, Traditionen, Philosophien und Mythen der alten Mysterienschulen und lassen sich bis nach Ägypten in die Zeit von ca. 1500 v. Chr. zurückverfolgen.

Wie die Freimaurer und die Theosophische Gesellschaft ist diese Strömung eine Bruderschaft, die die Geheimnisse des Lebens erforscht und mit dem Ziel der Selbstenfaltung diskutiert.
Die intellektuelle Schulung ist dabei sehr wichtig, ebenso die Teilnahme an Ritualen, in denen der Tenor auf Symbolik, (okkultem) Wissen und Wissenschaft liegt.
Im Vordergrund steht aber die eigene Erfahrung. A.M.O.R.C repräsentiert keine religiöse Einstellung, vielmehr zählen Mitglieder unterschiedlicher Religionen und politischer Überzeugungen dazu. Die Rosenkreuzer bezeichnen sich selbst als mystisch-philosophische, kulturelle Organisation, als eklektische Bruderschaft und Forschungsinstitut. Mit ihrem Studiensystem werden alle fünf Sinne geschult und die psychische Sensibilität erhöht. Angeboten werden Psychologie, Philosophie, Metaphysik, Esoterik und Geschichte. Das System umfaßt aber auch körperliche Übungen wie Meditation, Visualisierung und Entwicklung der Intuition. Einen wichtigen Leitfaden bilden die Hermetischen Schriften. Selbsttätigkeit ist Bedingung.

Winti

Winti (Wind, Geister) ist eine spirituelle Strömung, die in Surinam und auf den Antillen gepflegt wird und dort ein Teil der Volkskultur ist, hier wiederum vor allem bei den Kreolen Surinams. Der Glaube stammt aus der Sklavenzeit und ist ein Konglomerat unterschiedlicher afrikanischer Religionen und christlicher Elemente.
Im Westen ist dieser Glaube kaum bekannt. Charakteristisch ist der Glaube an die Kräfte der Götter und (Luft-)Geister. Diese nehmen großen Einfluß auf das tägliche Leben der Menschen, sowohl im positiven wie im negativen Sinn. Im Winti sind die Urelemente allgegenwärtig und werden von übermächtigen Geistern beherrscht. Die Wintis (Geister) werden je nach ihren Eigenschaften in Klassen eingeteilt. Die Wintimagier oder Medizinmänner/-frauen sind Eingeweihte und werden bonuman, obiaman oder wintiman genant. Diese Ritus-Spezialisten haben ihre eigenen Methoden, mit den Geistern in Kontakt zu treten.

Die Wintis werden vor allem bei Themen wie Liebe, Arbeit, Gesundheit und bei Familienproblemen angerufen. Es ist wichtig, sie durch Opfer und Rituale günstig zu stimmen.
Die Ahnenverehrung spielt wie im Schamanismus eine wichtige Rolle. Jede Familie hat ihren eigenen Winti und zugleich gibt es auch einen einflußreichen, unsterblichen Urwinti. Die Legenden über diesen Urwinti beinhalten Warnungen und Anweisungen, die bei Nichtbeachtung schlimmste Folgen haben. Es gibt auch eine schwarze Variante von Winti: Wisi.
Die Medizinmänner arbeiten mit Symbolen, magischen Quadraten, Opfern, Gebeten, Kräuterbädern, magischen Pflanzen und Beschwörungen. Dabei werden auch rituelle Gegenstände wie Kerzen in verschiedenen Farben, Spiegel, um Informationen von den Wintis zu bekommen, Kalebassen mit Wasser, Tontöpfe, Spielkarten und Messer mit einem Heft aus einem Wildtierknochen. Für die meisten Surinamer und Antillen ist Winti unzertrennlich mit ihrer Kultur verbunden. Die Details hält man strikt geheim, vielleicht aus Angst, daß die Wintigeister sonst ungünstig gestimmt werden und Unglück bringen.

FESTE ZU EHREN DER LUFT

Die paganistischen Jahresfeste[2], die dem Element Luft zugeschrieben werden, fallen in den Frühling.

Imbolc

Mutter Erde macht sich nach ihrer Ruhephase bereit, den Frühling zu begrüßen. Die Kelten feierten dieses Pflug- und Aussaatfest und hießen damit den Frühling willkommen. Imbolc bedeutet *in der Gebärmutter*, die gälische Bezeichnung dafür lautet Oimelc: Schafsmilch. Im Laufe der Zeit kristallisierte sich die Zeit um den 1. Februar als Festtag heraus, in der fernen Vergangenheit wurde Imbolc aber durchaus auch noch am 13. Februar gefeiert, vor allem im schottischen Hochland. Man achtete weniger auf das Datum, sondern eher auf entsprechende Zeichen in der Natur. In jedem Fall markiert Imbolc aber die Jahreszeit der Geburt (der Lämmer) und der Aussaat. Früher ging man dreimal um den Acker: einmal um ihn zu reinigen, einmal um ihn zu beschützen und einmal um zu pflügen und zu säen. Dem Pflügen wurden in alten Zeiten magische Kräfte, namentlich in Fruchtbarkeitsriten, zugesprochen. Setzte sich beispielsweise ein unverheiratete Frau auf den Pflug, so galt es als sicher, daß sie bald heiraten und mit vielen Kindern gesegnet würde. Die Göttin Brigid, Symbol von Fruchtbarkeit, Haus und Herd, wird von Paganisten an Imbolc besonders verehrt.

> Wenn es an Imbolc aus Kübeln regnete, wurde das als gutes Zeichen gesehen, denn viel Regen versprach viel Erfolg.

Ostara – Frühlingsäquinoktium

Das heidnische Frühlingsfest Ostara ist an die Frühlingstagundnachtgleiche gebunden. Dann wird die Fruchtbarkeit der Erde, dargestellt in der Göttin Ostara/Eostre und ihrem Hasen, gefeiert. Dieses Fruchtbarkeitsfest, welches zwischen dem 21. und 23. März begangen wird, liegt zwischen Aussaat und Ernte und hat zum Ziel, das neue, zarte Leben zu schützen und zu kräftigen. Der Zeitpunkt variierte früher auch hier, da man nicht auf das Datum, sondern auf Anzeichen in der Natur achtete, etwa das Auftauchen der ersten Schwalbe.

Paganisten und Hexen feiern dieses Fest auf eine ganz spezielle Weise. Man schenkt sich ein bunt gefärbtes Ei, vorzugsweise rot, auf das ein Wunsch geschrieben wird. Das Verschenken von Eiern ist ein sehr alter Brauch, der noch aus vorchristlicher Zeit stammt. Die Frühlingsgöttin Eostre wurde mit Blumen und gefärbten Eiern geehrt. Auf Abbildungen findet sich in ihrer Nähe immer ein Hase, der als Fruchtbarkeitssymbol ebenso wie das Ei das neue Leben versinnbildlicht. Für Hexen ist dieses Fest der Höhepunkt des Frühlings.

In römische Zeit wurde bei den Frühlingsfesten ausgiebig getanzt und gesprungen. Auf diese Weise ahmte man das Springen der jungen Lämmer nach. Zugleich sollte es die Lebensgeister wecken, damit die Saat besser keimt. Eine Reihe von modernen Osterbräuchen haben noch heute zum Ziel, die Vitalität anzuregen, wie Tanzen, Osterfeuer, Schokoladenosterhasen und natürlich Ostereier. Das Verzehren von gekochten Eiern steht im Zentrum der Feiern von Ostern und Ostara und ist ein Symbol für die unsichtbare Lebenskraft und das Wachstum.

Das Ei symbolisiert die vier Elemente. Die Schale steht für die Erde, die Eihaut ist die Luft, das Eiweiß steht für das Wasser und der Dotter für das Feuer. Ein rotes Ei ist in aller Welt das Symbol von Geburt und Wiedergeburt, sogar im fernen Osten. Wenn ein Kind geboren wird, verkündet man dies in China mit roten Eiern. Die Farbe Rot ist die Farbe des Glücks. Damit wird dem Neugeborenen ein Leben in Erfolg und Wohlstand gewünscht.

ENERGIEN VON LUFT

Luft ist überall. Wir können sie nicht sehen, wohl aber erfahren. Dieses Element ist Träger der Töne. Töne bringen die Luft in Schwingung und verbreiten sich in alle Richtungen. Das Geräusch der Stimme, in Form der gesprochenen Sprache, ist ein wesentlicher Bestandteil unserer Kommunikation. Über die Luft können aber auch andere Emotionen transportiert werden, die unser Innerstes erreichen: in der Musik.

Musik

Musik ist für Menschen schon immer wichtig gewesen, nicht nur zur Entspannung, sondern auch in der Heilung. Der Wiederklang eines Tones kann so tiefgehend sein, daß sich ungeheure Dinge ereignen können. Das bei sehr hohen Tönen zerspringende Glas kennt jeder. Dasselbe kann bei Mauern und Bauwerken geschehen. Jeder von uns hat den Einfluß von Musik schon einmal erlebt. Denken Sie nur an das Beben des Körpers bei tiefen Bässen. So vernichtend Geräusche auch sein können, so entspannend und sogar heilend können sie auf uns wirken.
Eine bekannte Legende berichtet von König Philipp V., der an Depressionen litt. Nichts heiterte ihn auf und er verfiel in einen Zustand völliger Lustlosigkeit. Dann kam der berühmte Kastrat Farinelli und sang für den König. Und innerhalb kurzer Zeit war der König genesen.

Auch die esoterische Wirkung von Musik ist lange bekannt. Der Gott Thot brachte den Ägyptern neben der Schrift auch die Kunst der Musik. Schon damals wurde Musik mit Himmelskörpern in Verbindung gebracht. Aus der Periode zwischen 2100-1600 v.Chr. ist ein Bildnis überliefert, welches einen Harfenspieler mit einer sechssaitigen Harfe zeigt. Sechs runde Scheiben erscheinen über seinem Kopf. Die Textinschrift auf dem Grab, in dem die Darstellung gefunden wurde, sagt, daß der Verstorbene wie die Sterne am Himmel tanzte. Stellt der Harfenspieler die Erde und die Scheiben die anderen Planeten das?

Man nimmt an, daß Hieroglyphen auch dazu dienten, Noten darzustellen. Das Faktum, daß auf ägyptischen Hieroglyphen häufig Musiker abgebildet sind, verweist auf die wichtige Rolle der Musik in Ägypten. Nach der architektonischen Perfektion der Pyramiden zu schließen, waren die alten Ägypter hervorragende Mathematiker. Dieselbe Mathematik ist auch die Basis der Tonleitern.

Mathematik ist die Sprache, in der sich der Kosmos beschreiben läßt und Töne scheinen darin ein Weg zu sein, auf eine andere Bewußtseinsebene zu gelangen, eins zu werden mit dem Kosmos. Reine Musik ist Balsam für die Ohren und die Seele. Sie entsteht durch Schwingungen die bestimmten Schwingungen im Kosmos ähneln. Man könnte diese reine Musik ebensogut heilige Musik nennen. Die Schwingungen und ihre Verhältnisse zueinander stimmen mit mathematisch-geometrischen Mustern überein und bestehen aus den sieben Tönen der harmonischen Tonleiter.

Die ersten Wissenschaftler, die sich damit beschäftigten, waren die Pythagoräer. Sie teilten sich in zwei Strömungen auf: die *mathematici* – mathematische Wissenschaftler – und die *akusmatici* – Wissenschaftler, welche die Wirkungen von Klängen und Schwingungen studierten. Letzteres galt als eine ganz besondere Wissenschaft und so nimmt es kein Wunder, daß auch Priester und Magier sich damit befassten. Ihr Wissen war auch in der Baukunst unentbehrlich. Beim Bauen mußte nämlich von Anfang an auch auf die Akustik der entstehenden Räume geachtet werden, schließlich gab es damals noch keine Mikrophone, welche die Stimme verstärken.

Die akusmatici hatten den Lehrsatz: ‚Sprich nie ohne Licht.‘ Sie hatten entdeckt, daß Töne und Licht eng miteinander verbunden sind. Beide werden bestimmt durch Wellenlänge und Frequenzen. Je höher der Ton, desto näher kommt er in den Schwingungsbereich des Lichts.

Pythagoras brachte die sieben damals bekannten Planeten (Erde, Mond, Merkur, Mars, Venus, Jupiter, Saturn), die sich um einen feurigen Brunnen drehten (die Sonne), mit der Musik in Verbindung. Daraus entstand die Tonleiter. Jeder Planet ist in der Notenschrift als Zeichen dargestellt, welches mit einer bestimmten Stimmung korrespondiert. Diese Stimmung ist abhängig vom Abstand des Planeten zur Erde. Jeder Planet stellt demnach einen eigenen Ton dar, wobei der Mond aufgrund seiner Nähe zur Erde der tiefste Ton ist. Das Ganze wurde dann mit Musikinstrumenten umgesetzt. So entdeckten die Pythagoräer, daß ein Verhältnis zwischen der Länge einer Saite und der Höhe des Tones bestand. Die Musik der Sphären war geboren.

Vor einigen Jahren setzte der Engländer Paul Vigay die geometrischen Muster von Kornkreisen mit Hilfe eines Computerprogramms in Musik um. An sich ist die Transformation von mathematischen Formeln in Musik nicht neu, das kannten schon die Pythagoräer. Bemerkenswert war, daß offensichtlich von Menschenhand gemachte Kornkreis nur in mißtönende Musik umsetzen ließen, während die Musik, die aus Umsetzung der geometrischen Muster von Kornkreisen entstand, die von fremden Energien stammten, sehr harmonische Klänge hervorbrachten. In letzteren waren die geometrischen Muster völlig perfekt, jeder Winkel, jede Rundung oder Linie war optimal platziert. In der Gegenwart geht man noch weiter und setzt selbst Fraktale in Musik um.

Ein Fraktal ist eine mathematische Figur, in der jedes Detail identisch ist mit der ganzen Figur. Ähnlich wie bei einem Blumenkohl, wo jede Blume wieder aus einer Vielzahl kleiner Blumen besteht.

Die Stimme

Die Galanen, babylonische Priester und Musiker, mußten während ihrer Ausbildung nicht nur alles über Kosmologie, Dämonen und Zaubersprüche lernen, sondern trainierten auch ihre Stimme und die Kunst des Gesanges. Ein Magier oder Schamane lernt auch heute noch in der Ausbildung mit Instrumenten umzugehen, wozu auch die eigene Stimme gehört. Seine Stimme ist ein Instrument, welches die natürlichen und übernatürlichen Kräfte fehlerlos zu bespielen weiß, mit ihr kann er Energien beeinflussen. Der *seidr*, ein altgermanischer Schamane (S. 24) wurde dabei von ihn umgebenden Frauen unterstützt. In anderen Kulturen gibt es Ähnliches. Nicht selten paart sich das Singen und in Trance kommen mit Tänzen, bei denen man den Körper den Schwingungen der Musik anvertraut.

Die Stimme kann sehr hypnotisierend wirken. Große Redner wie etwa Martin Luther King können mit ihrer Art zu sprechen Menschen in Verzückung bringen. Dabei geht es nicht nur darum, was sie sagen, sondern auch wie sie es sagen. Wenn eine größere Menschengruppe ein Mantra singt, dann können alle ihre Töne körperlich fühlen und in Ekstase geraten. Die Stimme lenkt Gefühle. Denken Sie beispielsweise daran, wie Sie sich fühlen, wenn Sie Ihre Lieblingsmusik hören. Und versuchen Sie sich Ihre Gefühle vorzustellen, wenn Sie eine Weile Lieder zuhören müssen, die Sie überhaupt nicht leiden können.

Mit Worten zu zaubern ist tatsächlich möglich. Unterschätzen Sie die Kraft Ihrer Stimme bei der magischen Arbeit nicht. Sie ist wahrscheinlich Ihr stärkstes Instrument. Wenn Sie Worte so zu formen wissen, daß sie auch eine Botschaft beinhalten und dann auch noch kraftvoll ausgesprochen werden können, dann haben Sie verstanden, was ein echter Zauberspruch ist. Dazu gehört, daß manchen Hexen und Magier ihre Beschwörungen und Anrufungen in einem getragenen Tonfall aussprechen oder ausrufen und dabei besondere Betonungen auf bestimmte Töne oder Buchstaben legen. Dieses Rezitieren erscheint zwar reichlich theatralisch, erzeugt aber auf der anderen Seite kraftvolle Energie. Die Klänge schwingen in ihrem ganzen Körper und auch in den Körpern anderer Anwesenden, gerade so wie die oben schon genannten Mantras. Das bedeutet natürlich nicht, daß die ganz normal ausgesprochenen Sprüche nicht kräftig wirken. Es geht vielmehr um die Intention, die dahinter steht.

> Musik wird mit Luft assoziiert, weil sie sich über Schwingungen (Schall- und Radiowellen) durch die Luft bewegt. Darum sprechen wir auch bei einem Radio- oder Fernsehprogramm, es sein ‚on air', in der Luft.

Klangschalen

Die wunderbaren Töne tibetischer Klangschalen berühren die tiefsten Regionen der Seele.

In Tibet selbst werden Klangschalen kaum in der Klangtherapie angewendet, das scheint ein typisch westliches Phänomen zu sein. Klangschalen kamen erstmals im Westen in Umlauf, als die tibetischen Mönche von den Chinesen vertrieben wurden und ihre eigenen Klangschalen verkaufen mußten, um zu überleben. Ob die Mönche die Schalen tatsächlich zur Meditation oder zu Heilzwecken nutzten, bleibt ein Rätsel, welches niemand mehr aufhellen kann. Einige Quellen behaupten, daß die Klangtherapie, wie wir sie im Westen heute kennen, schon über dreitausend Jahre alt sei und ursprünglich aus China stammt.

Heute werden Klangschalen aus der Region südlich des Himalaja importiert, namentlich aus Nepal und Bhutan. In den Dörfern dort nutzt man die Schalen als Eßgeschirr und als Gefäße für das Reisopfer an die Götter. Vielleicht erzählten sich die Dorfbewohner am Lagerfeuer Geschichten und machten auf ihren Eßschalen dabei Musik. Man kann wohl annehmen, daß sie in diesen armen Gegenden für verschiedene Zwecke benutzt wurden bzw. werden. Antike Klangschalen sind fast nicht mehr zu bekommen und infolgedessen sündhaft teuer. Die letzten dieser Art entstanden vor etwa fünfzig Jahre auf eine ganz spezielle Weise. Die sieben Metalle, die für einen wohlklingenden Ton nötig sind, wurden geschmolzen und ausgegossen. Die so entstandene Metallplatte wurde dann zu einer Schale gehämmert. Man verwendete nicht immer sieben Metalle, manchmal waren es auch neun oder gar zwölf. Neben den metallenen Klangschalen gibt es auf dem Markt auch welche aus Kristall, in die der spezielle Ton kunstvoll durch Schleifen ‚eingearbeitet' ist.

Die alten Klangschalen sollen einen schöneren Klang haben als die neuen, die mit Hilfe von Schablonen und Formen hergestellt werden. Für die meisten Menschen ist der Unterschied allerdings kaum wahrnehmbar.

Abgesehen davon, daß Klangschalen wunderbare Einrichtungsaccessoirs sind, dienen sie dazu, Ausgeglichenheit herzustellen und Heilungsprozesse zu fördern. Jede Klangschale ist ein Unikat und hat eine andere Schwingung, die auf spezifische Weise auf Ihr Nervensystem einwirken. Die Metall-Klangschalen wirken auf die sieben Chakren. Die Kristall-Klangschalen schwingen einzig auf der Tonhöhe eines bestimmte Chakras, während die Metall-Klangschalen auch Zwischentöne erreichen. Durch die Vibrationen können Sie ein Chakra, das zu stark oder zu schwach arbeitet – wodurch Blockaden auftreten – wieder harmonisieren. Auf diese Weise können Sie sich selbst von alltäglichen Spannungen befreien.

Die sieben Metalle geben der Schale einen besonderen Klang. Der melodische Klang der Obertöne hängt von der Größe und der Form der Schale ab, aber auch von den verarbeiteten Metallen. Wenn von einem Metall ein größerer Anteil enthalten ist, als von einem anderen, dann hat das Auswirkungen auf den Klang. Die Klänge wirken auf bestimmte Frequenzen ein und können Heilungsprozesse im Körper anregen und fördern. Viele Menschen verwenden darum auch unterschiedliche Schalen, um einen sicheren Effekt zu erzielen. Die Schwingungen der Schale lassen Töne, Vorstellungen und Gefühle sinnlich erfahren. Anwender berichten von sehr intensiven Gefühlserlebnissen, was auch nicht weiter verwundert, denn die Töne einer Klangschale bewegen sich viermal schneller durch Wasser als durch Luft. Und da unser Körper zu Dreivierteln aus Wasser besteht, wirken die Schwingungen der Klangschale wie eine Massage. Man kann zusätzlich auch Tingshas verwenden, flache schüsselförmige Instrumente mit einem hohen, ätherischen Bimmelton, welche die Wirkung der Klangschalen vertiefen. Die Klänge bringen Sie auf ein anderes Bewußtseinsniveau. Das kann so intensiv sein, daß Sie noch Tage nachher die Schwingungen spüren können.

Auswahl einer Klangschale

Die Auswahl einer Klangschale können nur Sie allein für sich treffen. Es ist unumgänglich, daß Sie selbst die Schale ausprobieren und darauf achten, was sie in Ihrem Körper auslöst, wenn Sie sie anschlagen. Wie bzw. wo empfinden Sie die Vibration? Eher im Bauch, oder im Kopf oder sonst wo? Fühlt es sich gut an oder eher unangenehm? Achten Sie insbesondere darauf, was die Klangschale in Ihrem Sonnengeflecht (Solar Plexus), dem Chakra in Höhe des Magens, bewirkt. Dieses ist besonders empfindlich. Halten Sie die Schale an das Sonnengeflecht und

spüren Sie die Reaktion. Versuchen Sie Ihren eigenen Grundton herauszufinden. Sie werden es intuitiv wissen, wenn Sie ihn gefunden haben. Es fühlt sich dann sehr angenehm, leicht, vertraut und wohltuend an. Sie haben ein Gefühl des Heilseins dabei. Tiefere Klänge eignen sich zum Erden. Für Kontakte zum Kosmos bedarf es aber höherer Töne, nötigenfalls unter Zuhilfenahme von Tingshas.
Klangschalen sind sehr unterschiedlich. Für unsere westlichen Ohren hören sie sich teilweise sogar richtig dissonant an. Das liegt an den Zwischentönen, an die unsere Ohren nicht gewöhnt sind. Verblüffend ist, daß Klangschalen den jeweils anderen Ton annehmen, wenn zwei Schalen zugleich angeschlagen werden.
Wenn Sie einmal ausprobieren möchten, wie es ist, wenn die Töne durch Ihren ganzen Körper vibrieren, dann nutzen Sie Ihren eigenen Kopf als Resonanzkörper. Schlagen Sie eine Schale an und halten Sie sie dicht vor Ihre Lippen, ohne daß diese die Schale berühren. Öffnen und schließen Sie dann die Lippen zu einem wauwauwauw. Machen Sie das nur mit den Lippen. Der Ton der Klangschale wird durch Ihren eigenen Schädel verstärkt und läßt die Nasen- und die Nebenhöhlen vibrieren.
Man bespielt eine Klangschale mit einem dicken hölzernen Stock, den man langsam am Rand der Schale entlang gleiten läßt. Die Dicke des Stockes hat einen Einfluß auf den Ton.
Man kann die Schalen nicht nur zu Heilzwecken verwenden, sondern einfach auch ‚nur', um wunderbare Musik zu machen. Dann spielt man Sie mit kleinen Hämmerchen, Filzschlegeln oder Besen. Das Besondere an dem Klangschalenton ist, daß er auch noch nach dem Verklingen fühlbar bleibt. Das gibt der Klangschalenmusik eine weitere Dimension.

Die 7 Metalle in den Klangschalen:

Gold – Sonne
Silber – Mond
Quecksilber – Merkur
Kupfer – Venus
Eisen – Mars
Zinn – Jupiter
Blei – Saturn

Meditieren mit Mantras

Mantra bedeutet *befreit dich vom Denken.* Mantras bestehen aus heiligen Buchstabengruppen, die aus dem Sanskrit stammen. Sie aktivieren Prana, die Lebensenergie. Durch das Wiederholen von Mantras befreien Sie sich von unerwünschten Spannungen und endlos kreisenden Gedanken. Die rhythmischen Klänge des Mantras beeinflussen den Herzschlag, die Atmung und die Hirnaktivitäten und fördern so Ruhe und Konzentration und die Gesundheit im Allgemeinen. Durch das kontinuierliche Wiederholen des immer selben Wortes oder Satzes kommen die Gedanken zur Ruhe. Schließlich bleibt nur eine Gedankenschwingung, die des Mantras selbst. Wunderbar geeignet für die Meditation also. Mantras finden Sie im Anhang auf S. 133.

DIE SCHWINGEN DER LUFT

Das Element Luft wird mit Reisen im Geist in Verbindung gebracht. Unter den Oberbegriff 'astrale Projektion' fallen etwa Astralwesen, Austreten, außersinnliche Wahrnehmungen und luzide Träume. Sie alle haben gemeinsam, daß es sich um Erfahrungen auf der astralen Ebene (andere nennen sie die vierte Dimension, die feinstoffliche Welt, die übernatürliche Welt oder das andere Bewußtseinsniveau) handelt. Das ist zugleich die Welt, in der Magie ausgeübt wird.

Bekannte Astralreisende

Der inzwischen verstorbene Autor Robert Monroe, bekannt durch seine Forschungen über das Austreten, berichtete, wie er eines Nachts von eigenartigen Schwingungen uberfallen wurde. Zur seiner Überraschung merkte er, daß seine Arme nahezu flüssig schienen und durch den Fußboden sickerten. Beunruhigt ließ er verschiedene medizinische Untersuchungen vornehmen, aber er erwies sich als kerngesund. Damals, vor ungefähr vierzig Jahren, sprach man über so etwas wie Austreten kaum. Es

dauerte auch eine Weile, bis Monroe klar wurde, daß seine ‚Leiden' keine Krankheit, sondern Reisen seines Geistes auf einer anderen Ebene waren. Er begann gezielt ausgedehnte Astralreisen zu unternehmen, besuchte Freunde und Bekannte via vierte Dimension und beschrieb ihnen später genau, was sie bei seinem Besuch getan hatten, welche Kleider sie trugen und über was sie miteinander sprachen. Dinge, die er unmöglich auf ‚natürliche' Weise hätte wissen können.
Monroe unternahm Hunderte von astralen Reisen und gründete schließlich die Monroe-Stiftung zur Erforschung außersinnlicher Wahrnehmungen.

In den Niederlanden ist Sten Oomen aktiv. Über ihre eigenen Erfahrungen verfasste sie das Buch *Door het raam* (Durch das Fenster) und unterhält eine eigen Website, die sich ganz Erfahrungen auf der astralen Ebene widmet. Sten tritt seit ihrem achtzehnten Lebensjahr regelmäßig aus ihrem physischen Körper aus. Am Anfang waren ihre Astralreisen eher unerquicklich. In ihrem Buch beschreibt sie, wie eine unsichtbare Energie sie aus ihrem Körper zerrte und sie alle Kraft auffahren mußte, um sich dem zu widersetzen. Zu Beginn fand sie es überhaupt nicht schön, auszutreten, dann aber siegte ihre Neugier und sie gab den Widerstand auf. Je mehr Erfahrungen sie mit der Beherrschung ihres Geistes in der anderen Dimension machte, desto besser konnte sie sich dann auch gegen schlechte Energien wehren. Jetzt genießt sie die wunderbaren und lehrreichen Reisen. Für sie ist das eine neue Form der Lebensgestaltung geworden.

In seinem Buch *Reiziger in een astrale wereld* (Reisender in der astralen Welt) trifft Daniel Meurois ein Wesen, das ihm die astrale Welt zeigt und auch Shirley McLaine berichtet in ihren Büchern regelmäßig von den besonderen astralen Erfahrungen, die sie machte.
Auffallend an allen diesen Berichten ist das geschilderte Gefühl der großen Freiheit. Man fliegt, macht Kapriolen in der Luft, reist in nullkommanichts von Amsterdam nach New York, von Berlin nach Sidney und schwebt sogar zwischen den Sternen. Doch herrscht offenbar noch sehr viel Unklarheit, was astrales Reisen eigentlich wirklich ist. Ist das nun etwas, was sich in der anderen Dimension abspielt oder hier unten auf Erden?

Die obigen Beispiele zeigen, daß astrale Reisen zwar bewußt unternommen werden können, aber es ist offenbar nicht so selbstverständlich ist, daß jeder dazu in der Lage ist. Häufig haben Menschen Austrittserfahrungen, erinnern sich aber kurz danach kaum mehr daran. Die meisten astralen Erlebnisse geschehen unbewußt. Austritte sind dagegen immer bewußt und auch steuerbar. Weiter unten in diesem Kapitel finden Sie eine Auflistung der verschiedenen Möglichkeiten astraler Erfahrungen unterteilt in bewußte, halbbewußte und unbewußte Erfahrungen.
Wer fest entschlossen ist, bewußt eine Geistreise zu unternehmen, kann sich mit einigen Techniken darauf vorbereiten. Das tatsächliche Verlassen des Körpers ist vor allem eine Sache der Übung. Manchen Menschen gelingt es nie, denn die wenigsten können wirklich die Kontrolle über ihren Körper abgeben und trauen sich nicht, sich ganz dem geistigen Geschehen hinzugeben.

Astrale Projektion

Der seit langem benutzte Begriff astrale Projektion wird mehr und mehr durch Begriffe wie Geistreisen, Seelenreisen, remote viewing (Distanzwahrnehmung), luzides Träumen, Bilokation, Austreten, Trancereisen, und Astralreisen ersetzt. Auch Tagträume, Hypnose und das intensive Lesen eines Buches sind Formen der astralen Projektion.
Während unseres Schlafes, wenn der physische Körper sich regeneriert und Energie für den folgenden Tag tankt, ist unsere innere Welt auf die astrale Ebene, die feinstoffliche Dimension, eingestellt. In dieser vierten Dimension (die Erde wird als Teil der dritten Dimension betrachtet) erhalten die Gedanken ihre Form und dort ist fast alles möglich.
Unser physischer Körper, auch grobstofflicher Körper genannt, ist für das Leben auf der Erde, dem grobstofflichen Lebensraum bestimmt. Er ist eng mit dem Geist oder der Seele verbunden und zeigt, wie Sie im Buch über das Element Erde nachlesen können, durchaus große Ähnlichkeiten mit dem Planeten Erde.
Die meisten Menschen verwenden die Worte Seele und Geist ohne sie groß zu unterscheiden. In vielen Büchern werden sie aber als getrennte Themen behandelt. Jeder scheint seine eigene Definition zu haben, was Seele und/oder Geist nun wirklich ist/sind. In Wörterbüchern findet man

für das Wort Seele das Wort Geist als Synonym. Den Unterschied zwischen beiden Begriffen zu erklären, ist offenbar nicht einfach und mir ist unklar, ob es überhaupt einen gibt. Entscheiden Sie es für sich selbst.
Ich selbst stelle mir den Körper als einen Computer vor, mit dem Geist oder der Seele als Regisseur, der diesen Körper steuert. Die Seele, das höhere Selbst, ist also der Motor, der mit dem Körper zusammenarbeitet und alles rund laufen läßt, so wie das Nervensystem, Herz und Gehirn zusammenarbeiten, damit der Mensch oder das Tier ‚funktioniert'.
Wenn Sie mit Ihrem Bewußtsein auf der Erde sind, dann steuert die Seele/der Geist Ihren grobstofflichen Körper. In dem Moment, wo Sie eine Pause machen und der Körper in völliger Ruhe ist, Sie sich also in der vierten Dimension bewegen, tritt der astrale Körper in den Vordergrund und dieser wird von der Seele/dem Geist ebenso gesteuert wie der physische Körper bei Bewußtsein. Mit Hilfe des astralen Körpers können Sie sich bewußt durch die verschiedenen Sphären, aus denen sich die Astralebene zusammensetzt.
Dieser Prozeß ist, um im Computerbild zu bleiben, mit dem Wechseln in einen anderen Modus vergleichbar. Nun geht es darum, diesen anderen, feinstofflichen Modus bewußt zu steuern. Dafür gibt es spezielle Techniken, die aber ganz anders sind, als diejenigen, die Sie für die Steuerung des physischen Modus brauchen. Auf der astralen Ebene nimmt jeder Gedanke sofort Form an. Auf der irdischen Ebene müssen Sie dafür physische Energien einsetzen.

Nach den verschiedenen esoterischen Schulen besteht unser Körper aus vier Schichten:
Der physische, grobstoffliche Körper – der irdische Körper von großer Dichte. Sichtbar.
Der astrale oder emotionale Körper – hierin offenbaren sich Gefühle, Erfahrungen und Emotionen. Nur für das geübte Auge sichtbar.
Der mentale Körper – der Geist, in dem die Gedanken leben. Nicht sichtbar.
Der spirituelle oder Seelenkörper – die Seele, unsere persönliche Quelle, die aus dem göttlichen Funken entstanden ist und in der u.a. die Erfahrungen aus unserem vorigen Leben aufgehoben sind. Nicht sichtbar.

Unbewußte, halbbewußte und bewußte Erfahrungen

Unter den Begriffen, mit denen Erfahrungen auf der astralen Ebene wiedergegeben werden, bestehen Unterschiede, die aber schwer zu erläutern sind, da jeder seine subjektiven Erfahrungen hat und dafür natürlich einen Terminus verwendet, der ihm passend erscheint. Klar ist, daß es sich in jedem Fall um außersinnliche Wahrnehmungen handelt. Im Allgemeinen werden dieser Erfahrungen nicht mit den fünf ‚irdischen' Sinnen (Sehen, Hören, Schmecken, Riechen, Fühlen) gemacht sondern mit dem sechsten Sinn, dem inneren Auge erlebt. Doch sind auch durchaus Erfahrungen beschrieben worden, in denen die physischen Sinne und der sechste Sinn zusammenspielten. Es handelt sich dann meist um Spannungen, Schauer, Panikgefühle oder dergleichen, die durch Erlebnisse auf der astralen Ebene ausgelöst wurden.

Die unterschiedlichen Erfahrungen können sich auf verschiedenen Niveaus abspielen und haben mit der Schwingungsfrequenz zu tun. Je höher und feiner die Schwingungen, desto weiter entfernt sind Sie von Ihrem physischen Körper und desto tiefer ist die Trance. Das ist wie bei Radiowellen: Sie müssen die richtige Frequenz erwischen, um den richtigen Sender zu hören. Auf der einen Frequenz haben Sie Kontakt etwa zu Entitäten, auf einer anderen Frequenz sind Sie noch sehr nahe an den Gefühlen und Erlebnissen des vergangenen Tages und Sie träumen einen Verarbeitungstraum.

Man kann unbewußte sinnliche Erfahrungen, halbbewußte Erfahrungen und bewußte Erfahrungen unterscheiden.

Unbewußte Erfahrungen

Unmittelbares Austreten

Viele Menschen erleben kurz nach dem Einschlafen einen Fall in die Tiefe und wachen vor lauter Schreck davon auf. Es kann sich dabei aber um ein kurzes Austreten handeln, bei dem der Geist plötzlich wieder in den Körper zurückkehrt. Während des Austretens bleibt der Geist mit dem Körper verbunden und bei der kleinsten Unruhe schießt er wieder in ihn zurück. Häufig wird vom Austreten während eine Narkose oder kurz vor einem

Unglück berichtet. Bei einem Unfall wird er Geist durch den Schock aus dem Körper geschleudert.
Während des normalen Schlafes ist der irdische Körper in tiefer Ruhe und Entspannung und der Geist streift durch das Traumland ins Unterbewußtsein. Es kann dann geschehen, daß der Geist aus dem physischen Körper schlüpft, um im astralen Körper in eine andere Dimension zu reisen oder die Umgebung zu erkunden.
Das müssen keine langen oder weiten Reisen sein. Es kann auch sein, daß der Geist sich ganz in der Nähe des physischen Körpers aufhält und die Umgebung mit astralen Augen betrachtet. Beim Aufwachen erinnert man sich häufig sehr detailliert und präzise an Einzelheiten dieser astralen Erkundungen. In solchen Fällen hatten Sie ein gewisse Kontrolle über die Situation. Ich erinnere mich noch an eine Mandeloperation, der ich mit drei Jahren unterziehen mußte. Ich lag in Narkose und konnte mich selbst beobachten, wie ich operiert wurde. In meiner Erinnerung wurde ich während der OP etwas wacher und spürte das Blut aus meinem Mund fließen. Als mir das unlängst durch den Kopf schoß, wurde mir bewußt, daß ich ja unmöglich wissen konnte, wie die Operation abgelaufen war und ich mich selbst gar nicht dort sitzen hätte sehen können. Mein Geist muß also ausgetreten sein und die Szenerie beobachtet haben. Noch heute weiß ich, wie das aussah. Das Blut floß über meine Brust und zwei Ärzte waren emsig damit beschäftigt, die Mandeln herauszuholen.
Spontan die Bewußtseinsebene zu wechseln, kann auch bei extremen Schmerzsituationen, wie ich sie selbst bei einer Geburt erlebt habe, geschehen. Ich hatte mich völlig auf die Eröffnungswehen konzentriert und das Gefühl für Zeit und Raum verloren. Als ich nach einigen Stunden wieder zu Bewußtsein kam, wußte ich, daß ich nicht geschlafen hatte, was die anderen aber dachten. Ich erinnerte mich haargenau, womit die Menschen um mich herum beschäftigt waren und worüber sie geredet hatten, als ich in diesem Zustand war.

Nahtoderfahrung (NTE)

Von einer Nahtoderfahrung ist die Rede, wenn Menschen sterben, aber im letzten Moment ‚zurückkommen'. Viele tausend Menschen in der ganzen Welt haben so etwas erlebt. Und sie erlebten fast alle dasselbe:

Ein helles, weißes Licht, auf das sie zugingen und an jemanden, der sich ihrer annahm, ihnen aber sagte, ihre Zeit sei noch nicht gekommen. Unmittelbar danach kamen die Personen schockartig zurück in ihren physischen Körper. Die meisten Menschen, die das erlebt haben, hatten danach keine Angst mehr vor dem Tod und waren sich sicher, daß es ein Leben nach dem Tod gibt. Und sie haben sich dadurch positiv verändert: Sie waren milder, weiser und hilfsbereiter und einfühlsamer.

Träume

Beim Betreten der anderen Dimension kommt man in Kontakt zu anderen Wesen, Verstorbenen, Freunden und Bekannten. Auch wenn viele diese Erlebnisse als ‚gewöhnliche' Träume beschreiben, sind solche Erfahrung weit entfernt vom Gewöhnlichen und haben auch nicht immer ‚nur' die symbolische Bedeutung, die Träume immer haben. Beim Träumen erklärt uns das Unterbewußtsein unsere irdischen Erlebnisse in Symbolen und gibt uns damit bestimmte Botschaften. Träume sind also ein ideales Hilfsmittel, sich selbst besser zu verstehen und auch zu helfen. Das Träumen findet zwar auf der astralen Ebene statt, doch bleiben Körper und Geist in solchen Augenblicken sehr eng verbunden und tauschen Informationen untereinander aus.

Halbbewußte Erfahrungen

Bücher lesen und Tagträume

Sich spontan in einer anderen Welt wiederfinden: Das erfahren Sie beim Lesen eines Buches, das Sie so fesselt, daß Sie Zeit und Raum vergessen. Es ist, als ob Sie die im Buch beschriebene Welt persönlich miterleben. Je nach Talent des Autors entführt er Sie mit seiner Phantasie wirklich in eine andere Welt.

Auch tiefe Tagträume sind eine Form der astralen Projektion. Diese Varianten sind halbbewust, weil Sie sich zumeist den Augenblick nicht aussuchen, sondern diese Projektion spontan geschieht. Sie denken ja vorher nicht darüber nach, was Sie jetzt tagträumen wollen, sondern werden einfach wie ein Blatt auf dem Wasser davon getragen. Und dieser Weg kann Sie zu wunderbaren Zielen führen.

Drogen

Die Verwendung von bestimmten Drogen zur Erkundung der astralen Welt führt ebenfalls in eine halbbewußte Erfahrung. Carlos Castaneda beschreibt solche Erlebnisse in seinem Buch *Die Lehren des Don Juan.* Nach dem Genuß von Peyote-Kakteen hatte er außersinnliche Erfahrungen, an die er sich detailliert erinnern konnte. Auch Schamanen nutzen in bestimmten Situationen Drogen. Der Nachteil ist die sich schnell einstellende Abhängigkeit davon und die mangelnde Kontrolle über den eigenen Geist. Empfindliche Menschen können dadurch in Verwirrung oder gar in eine Psychose geraten. Solche Drogen enthalten z.B. einige Pilze. Ich warne ausdrücklich vor der Verwendung!
Auch Hexen scheinen in früheren Zeiten häufiger Rauschdrogen benutzt zu haben. Sie mischten sich aus giftigen Kräutern Salben an, rieben sich damit ein und begannen buchstäblich zu fliegen. Nicht ohne Risiko! Zuviel von dem einen oder anderen Kraut konnte zu schweren Vergiftungen, Lähmungen oder gar zum Antritt der letzten Reise führen.

Neuere Forschungen zeigten, daß der menschliche Körper tryptamine Halluzinogene produziert, bekannter als DMT: Dimethyltryptamine. Diese starke Droge wird in kleinsten Mengen von der Zirbeldrüse (Epiphyse) produziert und bewirkt Bewußtseinszustände, die als besonders und außersinnlich erfahren werden. Die produzierten Mengen sind von Mensch zu Mensch unterschiedlich. Damit sollen hellseherische Fähigkeiten ebenso wie astrale Erfahrungen, die Fähigkeit, Wahrsagen zu können und sogar Nahtoderfahrungen in Zusammenhang stehen. Erwiesen ist, daß Menschen mit Hilfe von Drogen, die DMT enthalten wie Ayahuasca oder bestimmte halluzinogene Pilzen, schon seit Jahrhunderten ähnliche Erfahrungen machen.

Trancereisen

Die Schamanen der primitiven Völker benutzen Drogen für ihre Trancereisen. Es gibt aber genügend andere Methoden der Trancereise, die gesünder sind und von modernen Schamanen angewandt werden. Auf den Klängen von Trommeln, Rasseln, Didgeridoos, Klangschalen oder mittels des Chanten kann man ebenso auf die Astralebene gelangen. Schamanen unterscheiden dabei drei Welten:

- Die Unterwelt erreicht man über einen Tunnel. Danach kommen Sie in einer Landschaft an, wo Sie Fragen des Lebens an Krafttiere oder Ihren spirituellen Begleiter stellen können.
- Die Mittelwelt ist Ziel für Reisen zu Heilungszwecken.
- Die Oberwelt ist das Ziel einer Reise in die Höhe, über Baumäste durch die Wolkendecke hindurch etwa. In der Oberwelt können Sie spirituelle Führer befragen.

Trancereisen sind tiefer, intensiver und länger als Visualisierungen.

Hypnose

Hypnose fällt in den Bereich der halbbewußten Erfahrungen. Je nach Technik landen Sie auf unterschiedlichen Bewußtseinsebenen und kommen damit in Kontakt zur eigenen Seele. Lange vergessene Erinnerungen werden wieder klar und auf diese Weise ist es möglich, Informationen und Bilder über Ihre vorigen Leben zu erhalten.

Luzide Träume

Luzide Träume sind sehr klare, deutliche Träume, in denen Sie sich bewußt sind, daß Sie träumen. Sie sind dann in der Lage, den Traum selbst zu steuern und sind in der Regel nicht so weit weg, daß Sie nicht mehr wissen, was Sie geträumt haben. Obwohl Sie wissen, daß Sie träumen, können Sie die Kontrolle selbst übernehmen.
Solchen Erfahrungen haben Sie, wenn Sie einschlafen, aber irgendwo zwischen Wachen und Träumen ‚hängen' bleiben. Sie sind noch nicht ganz eigeschlafen, aber der Geist driftet schon eine andere Welt. Nicht selten hören Sie noch die Alltagsgeräusche um sich herum, während Sie gleichzeitig die vielfältigen Aktivitäten der inneren Erlebniswelt wahr-

nehmen. Luzides Träumen kann eine Vorstufe für das Austreten sein und quasi als Erkundungsphase dienen.

Astralreisen / außerkörperliche Wahrnehmung
(OBE, out of body experience)

Astralreisen können eine Kombination aus halbbewußtem und bewußtem Austreten sein, wobei Sie zumeist per Zufall durch einen Traum oder beim Dösen auf ein anderes Bewußtseinsniveau geraten und aus dem physischen Körper austreten. Dabei erleben Sie möglicherweise regelrechte Gefühlskaskaden: Geräusche oder andere sinnliche Wahrnehmungen wie z.B. Zittern. Menschen, die sich einmal daran gewöhnt haben und sich selbst trainieren, können Astralreisen ganz bewußt unternehmen. Mit Astralreisen wird die Phase nach dem eigentlichen Austreten umschrieben, wenn der Geist sich zu bewegen beginnt.

Bewußte Erfahrungen

Bewußtes Austreten, bewußte astrale Projektion

Beim bewußten Austreten verlassen Sie ganz bewußt den grobstofflichen Körper. Sie hören Geräusche, sehen Licht, verspüren Gefühle, die auf eine Spaltung des physischen und feinstofflichen Körpers hinweisen.

Bilokation

Wenn der physische Körper bewußt zurück gelassen wird und sich der astrale Körper auf die andere Ebene bewegt, spricht man von Bilokation. Sie sind sich dann bewußt, daß Sie sich an zwei Orten zugleich befinden.

Meditation

Beim Meditieren spielen Gedanken keine Rolle, sie sind wie Autos, die langsam am Horizont verschwinden. Lassen Sie ihre Gedanken fahren, werden Sie völlig leer und spüren das Gefühl, in einem luftleeren Raum anzukommen, als ob Sie keinen Körper mehr hätten.

(Geführte) Visualisierung

Beim Visualisieren konzentrieren Sie sich ganz auf das Bild und lassen sich von dem leiten, was vor Ihrem geistigen Auge erscheint. Denken Sie sich zuvor ein Szenario aus, schreiben es auf oder sprechen es auf Band, oder Sie lassen das Szenario von jemandem vorlesen.

Distanzwahrnehmung (remote viewing)

Der amerikanische Künstler Ingo Swann wurde durch seine Distanzwahrnehmungen berühmt. Allein durch Konzentration konnte er sehen, was irgendwo anders geschah. Auch David Morehouse, der das Buch Psychic Warrior schrieb, welches auf eigenen Erfahrungen beruht, ist ein remote viewer, ein Begriff der unter die ASW (außersinnliche Wahrnehmung; engl. ESP, extrasensory perception) fällt.

Die Distanzwahrnehmung ist eine Technik, mit der man schnell zu außersinnlichen Erfahrungen kommt. Ingo Swann und David Morehouse arbeiteten beide für die amerikanische Regierung an speziellen Projekten, insbesondere in der Spionage und Spionageabwehr. Beide besaßen ein hohes Maß von Hellsichtigkeit, was sie besonders in die Lage versetzte, auf Distanz wahrzunehmen. Beide behaupteten aber auch, fast jeder könne das erlernen.

Um das remote viewing zu untersuchen, wurden begleitende Experimente durchgeführt. Die Testpersonen waren ein Wahrnehmer und ein Begleiter. Es gab keinen irgendwie gearteten Kontakt zur Außenwelt. Der Begleiter wählte den Ort des Experiments aus und der Wahrnehmer reiste im Geist dorthin. Die ermittelten Ergebnisse wurden in Berichten festgehalten.

Die Forscher Targ und Putthoff untersuchten das Phänomen ab 1970 für die CIA und experimentierten mit unterschiedlichen Methoden. Die Resultate waren erstaunlich präzise. Im Fall von Ingo Swann lag die Trefferquote bei 85%.

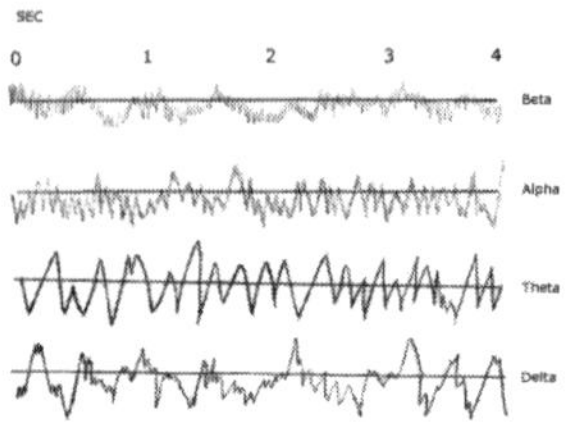

Es gibt vier verschiedene Arten von Hirnströmen mit folgenden Wellenmustern:

Alfa-Wellen – Entspannungsphase, z.B. beim Tagträumen oder bei leichter Meditation
Beta-Wellen – Während der alltäglich Beanspruchung
Delta-Wellen – Im Tiefschlaf und in Trancezuständen
Theta-Wellen – Zwischen Wachsein und Einschlafen, in der Traumphase und in Trance und Meditation

Das astrale Niveau erreichen Sie, indem Sie sich auf die Frequenz der Theta-Wellen einstimmen. Das geschieht, wenn beide Hirnhälften gleichzeitig arbeiten. Sie können zu dem Zweck etwa spezielle Tonkassetten anhören oder eine sogenannten brainmachine (Hirnmaschine) verwenden. Trainierte remote viewers brauchen das nicht. Das Theta-Stadium kann ebensogut mittels verschiedener Techniken erreicht werden, die später noch beschrieben werden, oder durch Hypnose. Letztes sollten Sie nur mit einem Begleiter tun, der die Informationen aufnimmt und niederschreibt.

Vorbereitungen

Einige Techniken, von denen Sie vielleicht sogar schon welche nutzen, ohne daß Sie es wissen, helfen, bewußt auf der Astralebene zu reisen. Ziel dieser Techniken ist das Erreichen eines tiefen meditativen Zustandes, aus dem heraus schließlich der Übertritt in ein noch tieferes Bewußtseinsniveau gelingt. Denken Sie bei der Vorbereitung eine astralen Reise unbedingt an folgendes:

- Sorgen Sie für absolute Stille um sich herum.
- Suchen Sie sich einen bequemen Ort dafür aus.
- Halten Sie Ihren Körper warm.
- Finden Sie die günstigste Körperhaltung für sich.

Denken Sie daran, daß es vielleicht nicht angenehm ist, längere Zeit in einer bestimmten Körperhaltung zu sitzen. Der aufrechte Sitz mit geradem Kinn ist eine typische Yogahaltung, bei der alle Energie ungehindert strömen kann und daher die ideale Position. Allerdings ist sie gerade für Ungeübte nicht bequem. Ihre Füße können dabei einschlafen und Sie können Krämpfe bekommen. Wenn das so ist, dann wird es mit der astralen Reise nichts.

Eine Möglichkeit, es sich leicht und bequem zu machen ist, sich aufrecht sitzend gegen eine Bank zu lehnen. Stapeln Sie einige weiche Kissen in den Rücken, damit die harte Kante nicht stört. Oder legen Sie sich auf eine Matratze oder einen Haufen Kissen. Sie können sich auch in Ihr Bett leben, doch die Gefahr, daß Sie dann richtig einschlafen ist sehr groß. Schließlich schlafen Sie dort immer.

Entzünden Sie einen schönen Weihrauch oder geben Sie ein angenehmes ätherisches Öl in Ihre Duftlampe. Ein Rezept dafür finden Sie auf S. 124. Sorgen Sie dafür, daß Ihr Magen nicht zu voll ist, daß Sie keinen Durst haben und auch nicht so bald auf die Toilette müssen. Körper und Geist müssen sich völlig entspannen können.

Führen Sie ein Tagebuch über Ihre Astralreisen, in dem Sie festhalten, was Sie unterwegs erlebt haben und wie Sie sich fühlten. Auf S. 54 finden Sie ein Beispiel dafür.

Geister, Gespenster und andere Schauerfiguren

Vielleicht wollen Sie gerne einmal einen Blick auf die Astralebene werfen, trauen sich aber nicht so richtig. Vielleicht fürchten Sie, daß ein Geist während Ihrer Abwesenheit seinen Hokuspokus mit Ihrem Körper treibt.

Ihre Seele ist mit Ihrem Körper verbunden, für den Sie Ihr Leben lang Sorge tragen. Es ist also wichtig zu wissen, was mit Ihnen bei einer astralen Reise vor sich geht. Vor allem sollten Sie keine Drogen nehmen, denn wer das tut, ist viel anfälliger für die Elemente der niederen astralen Welt, was nicht wirklich lustig ist. Diese niedere astrale Welt ist dicht an der irdischen Welt und darin treiben sich häufig Wesen herum, die den Weg ins Licht schon längst verloren haben. Das ist das Reich der Alpträume,

ASTRALES TAGEBUCH

Datum ....

Anfangszeit ....

Schlusszeit ....

Der Platz an dem

ich mich befand ....

Ziel ....

Hilfsmittel

  Musik ....

  Ätherische öle ....

  Farbe ....

  Kerzen ....

  Übriges ....

Inhalt des Kranichbeutels ....

Methode der Meditation ....

Beschreibung der Erfahrung ....

Personen die ich traf ....

Orte an denen ich war ....

Was habe ich von dieser Reise gelernt? ....

....

Wie fühlte ich mich hinterher? ....

Übrige Notizen ....

....

die Ihnen schlaflose Nächte verursachen können. Und nun stellen Sie sich vor, daß Sie dort landen...
Ich zeichne hier ein vielleicht zu angsteinflößendes Szenario, denn tatsächlich werden Sie zum Glück sehr selten in solche Situationen geraten. Doch es kann schon passieren, daß Sie sich ganz unbeabsichtigt in dieser Zone wiederfinden. Sowohl Robert Monroe als auch Sten Oomen haben in ihren Büchern beschrieben, wie sie damit umgegangen sind. Sie wissen nicht immer sofort, ob Sie es mit einem bösartigen Wesen zu tun haben oder nicht. Ihre Ängste sind berechtigt, doch vergessen Sie nicht, daß Sie der Chef sind und niemand das Recht hat, Ihren Körper zu übernehmen. Jagen Sie solche Wesen weg. Wenn Sie klar im Geiste sind und voller Liebe und reinen Herzens zu Werke gehen, dann sind diese Geister kein Problem für Sie. Dann nämlich ist Ihre Widerstandskraft größer als die schlimmste Attacke dieser Wesen.

Während einer astralen Reise traf ich einmal ein Wesen, das man als Elementarwesen bezeichnen kann. Aus dieser Begegnung lernte ich, daß ich selbst es bin, der das Sagen über meinen Körper hat und dies unmißverständlich zeigen müsse, wenn ich mich bedroht fühle.
Das war keine bewußte astrale Erfahrung. Eine Nachmittags legte ich mich für ein Nickerchen aufs Sofa und döste weg, hörte aber um mich herum weiterhin die Alltagsgeräusche.
Plötzlich fand ich mich mitten in der Küche einer guten Freundin wieder. Sie hatte sich von ihrem Partner getrennt und packte in dem Moment ihre Sachen zusammen. Es war so, als sei ich nur eine Treppe tiefer gegangen, wir waren in ihrer Küche und es war alles wie in Wirklichkeit, klar und deutlich.
Mit einem Male richtete sich meine ganze Aufmerksamkeit auf etwas, das auf mich zu glitt. Es war ein fließendes Wesen, das aus einer wasserartigen, tiefblauen Flüssigkeit bestand. Mir war, als ob ich zugleich stehe und liege. Das Wesen kroch an mir hoch bis zur Kehle. Ich fühlte, wie ich eine Gänsehaut bekam und sich meine Haare aufstellten. Ich zitterte und redete mir ein, das sei doch ‚nur' ein Traum, doch zugleich wurde mir klar, daß ich in einem Traum keine Gefühlsempfindungen hätte. Das mußte also wirklich sein. Dieses Wesen wollte etwas von mir.

Es war deutlich eine männliche Entität. Ich sprach es entschlossen an und fragte: „Was hast du vor? Mach', daß du weg kommst! Ich habe dir nicht erlaubt, mich anzufassen." Langsam ließ das Wesen von mir ab, fast neckisch und so, als ob es mir sagen wolle: „Was regst du dich so auf. Da mußt du doch nicht einen solchen Lärm darum machen."
Ich war nicht böse und fand es eher lustig. Seinen halbherziger Eroberungsversuch fand ich sogar irgendwie reizvoll. Ein wenig fremdartig zwar, aber in der Welt der vierten Dimension kann nun mal alles Mögliche geschehen....
Erst später erfuhr ich, daß es Wesen gibt, die Besitz von einem ergreifen und sexuelle Handlungen vornehmen. Seit Tausenden von Jahren kennt man diese Wesen als Incubi (männliche Dämonen) oder Succubi (weibliche Dämonen).
Vielleicht fürchten Sie sich, den Weg in der unermeßlichen Weite des Universums zu verlieren. Doch auch hier gilt: Das müssen Sie nicht. Sie können immer wieder zurück in Ihren Körper. Bereiten Sie sich aber gut vor. Wenn es Ihnen dann tatsächlich geschieht, fallen Ihnen die Lösungen sicher wieder ein. Eine andere Möglichkeit ist, mit sich selbst eine Art Rückkehrsignal abzusprechen. Ein kurzer Satz nur wie z.B. Nun fliege ich. Oder nennen Sie nur laut Ihren Namen. Sie brauchen auf der Astralebene nur daran zu denken und schon geschieht es...

Einige Warnungen beim Austreten

- Gehen Sie vorsichtig zu Werke. Wenn Sie noch unerfahren sind, sollten Sie lieber jemanden bei sich haben.
- Gehen Sie niemals auf eine astrale Reise, wenn Sie krank oder in einem emotional aufgewühlten Zustand sind.
- Vertrauen Sie keinem Wesen sofort, das Ihnen begegnet.
- Nicht alles, was ein Wesen Ihnen sagt, ist die reine Wahrheit.
- Öffnen Sie keine Türen oder Tore, gehen Sie nie durch irgendwelche Durchgänge, ohne sicher zu sein, daß Sie auch zurückkehren können.
- Nehmen Sie keine Geschenke an, außer Sie wissen, daß Sie sicher sind. Auf keinen Fall sollten Sie etwas zu essen oder zu trinken annehmen.
- Machen Sie begegnenden Wesen niemals Versprechungen, deren Konsequenzen Sie nicht tragen wollen oder können.

- Nehmen Sie keine Opfer oder Dienste an, ohne die Absichten des Gegenübers zu kennen oder wenn von einer Gegenleistung die Rede ist.
- Wenn Sie Angst oder negative Gefühle empfinden, dann machen Sie sofort kehrt und gehen Sie weg.
- Brechen Sie keinen Streit vom Zaun.
- Zollen Sie jederzeit jedem und allem Respekt, auch wenn es nicht freundlich gegen Sie ist.
- Versuchen Sie mit Krafttieren, Ahnen, Führern, Göttern oder Göttinnen oder anderen helfenden Wesen in Kontakt zu kommen, die Sie unterstützen, Ihnen einen Rat geben oder Sie beschützen können, wenn es nötig ist.
- Tun Sie nicht cool und suchen Sie keine üblen Orte oder Wesen auf, um zu zeigen, was für ein toller Typ Sie sind. Das könnten Sie schnell bedauern.
- Wenn Wesen Ihnen bedeuten, daß Sie nicht erwünscht sind, dann gehen Sie sofort weg.
- Wenn die astrale Reise nicht (sofort) gelingt, dann versuchen Sie es erst eine Weile nicht mehr. Manchmal ist es besser, nicht zuviel auf einmal zu wollen, besonders wenn es dabei um Dinge geht, die Sie (noch) nicht verstehen.
- Die Rückkehr in den Körper nach einer astralen Reise kann recht heftig sein. Sorgen Sie dafür, daß jemand in Ihrer Umgebung weiß, was Sie tun. Essen und trinken Sie nach der Rückkehr ausreichend und ruhen Sie sich aus. Erden Sie sich also gut, um die Nachwehen zu mildern.

Die Geheimnisse des Geistes

Der Geist steckt für uns noch voller Geheimnisse. Was denken Sie beispielsweise über Telekinese und Telepathie? Diese psychischen Kräfte werden auch unter dem Oberbegriff Psi, welches der 23. Buchstabe des griechischen Alphabetes ist und der erste Buchstabe des Wortes Psyche. Unter den Begriff Psi fallen auch die Phänomene Hellsehen und zweites Gesicht. Es führt hier aus Platzgründen zu weit, die Telepathie (das bewußte aussenden und empfangen von Gedanken) und Telekinese (das Bewegen von Gegenständen mit der Kraft des Geistes) zu behandeln. Die Themen Hellsehen und zweites Gesicht werden hier aber ausführlicher vorgestellt.

Übung macht den Meister

Die verschiedenen Methoden, das astrale Niveau bewußt zu erreichen, lassen sich einüben. Je mehr Sie üben, desto weiter kommen Sie voran. Wenn Sie darin schon fortgeschritten sind, ist es ratsam auf längeren astralen Reisen einen Kranichbeutel mitzunehmen (s. S. 99).

Entspannungsübung

Legen Sie sich flach auf den Boden und schließen Sie die Augen. Entspannen Sie sich. Atmen Sie langsam durch die Nase ein, halten Sie die Luft an und atmen dann wieder durch die Nase aus. Holen Sie so ruhig und regelmäßig es geht Atem und beginnen Sie, ganz bewußt jeden Muskel zu entspannen. Erst die Zehen, dann die Fersen, die Fußgelenke, die Waden und so gehen Sie langsam Stück für Stück den Körper aufwärts. Bevor Sie den Kopf erreichen, merken Sie schon, wie entspannt Sie sind. Beim Zurückkommen wackeln Sie zuerst mit den Zehen, kreisen dann mit den Füßen und bewegen die Finger und kehren so wieder auf die Erde zurück.

Szenario

Legen Sie vorher fest, wohin Sie wollen, was Sie tun wollen und beginnen Sie genau an dem Punkt, zu dem Sie später zurückkehren wollen. Schließen Sie die Augen, atmen Sie langsam durch die Nase ein und wieder aus. Nach fünf Atemzügen beginnen Sie tiefer zu atmen (Bauchatmung). Fühlen Sie die Spannungen aus Ihrem Körper verschwinden und holen Sie stets ruhiger Atem. Stellen Sie sich das zuvor ausgedachte Szenario vor Augen und lassen Sie Ihren Geist dahin träumen.

Zählen

Das ist eigentlich schon eine Form der Hypnose. Stellen Sie eine Eieruhr oder eine Stoppuhr auf fünfzehn Minuten ein. Schließen Sie die Augen, atmen Sie langsam durch die Nase ein, halten Sie den Atem und atmen Sie dann durch die Nase wieder aus. Zählen Sie bis 5. Nun atmen Sie tiefer. Zählen Sie bis zehn. Nach jedem weiteren Schritt zählen Sie um fünf weiter, also bis 15, 20 usw. Das tiefste Bewußtseinsniveau ist erreicht, wenn Sie Ihren Körper loslassen können. Wahrscheinlich müssen Sie ein paarmal üben, bis Sie soweit sind. Wenn der Wecker klingelt, ist es Zeit, zurückzukommen. Zählen Sie langsam zurück bis auf 0. Öffnen Sie dann Ihre Augen wieder. Die folgenden Male können Sie den Wecker jeweils etwas länger einstellen.

Bewußt gesteuerte Atmung

Schließen Sie die Augen, atmen Sie langsam durch die Nase ein, halten Sie den Atem eine Weile ein und atmen Sie wieder durch die Nase aus. Nach ungefähr fünfmal atmen Sie tiefer ein. Konzentrieren Sie sich auf die Atmung und lassen zugleich alle Spannungen aus Ihrem Körper weichen. Denken Sie an nichts anderes als an das Atemholen. Lassen Sie sich auf den Wellenbewegungen des Atmens dahin treiben.

Je länger Sie das tun, desto konzentrierter sind Sie. Auch diese Übung kann Sie an die Grenze der Astralebene führen. Es liegt dann an Ihnen, diese Grenze zu überschreiten.

Chanten

Eine weitere Methode, den meditativen Zustand zu erreichen ist das Chanten. Wählen Sie zwischen bestimmten Klangfolgen wie AUM oder OM, Sie können aber auch eigene Wörter verwenden oder kurze Sätze:

Ich geh' auf die Reise, ich geh' auf die Reise, ich geh'
auf die Reise, Reise, Reise, Reise
Ich geh' auf die Reise, ich geh' auf die Reise, ich geh'
auf die Reise, Reise, Reise, Reise
Ich geh' auf die Reise, ich geh' auf die Reise, ich geh'
auf die Reise, Reise, Reise, Reise

usw.

Oder:

Luft, Luft, Körper
Körper, Körper, Luft
Körper, Luft, Körper

Luft, Luft, Körper
Körper, Körper, Luft
Körper, Luft, Körper

Chanten Sie nicht laut, tun Sie es besser in aller Stille. Weitere Mantras finden Sie auf S. 133.

Ebenenwechsel über Symbole

Eine häufig angewendete Methode, die astrale Ebene zu erreichen ist der Weg über Symbole. Das Pentagramm ist dafür ein hervorragendes Symbol. Es geht auch über eine Tarot-Karte. Wählen Sie eine Karte aus, die Ihnen gefällt und konzentrieren Sie sich darauf. Stellen Sie sich vor, in die das Kartenbild hinein zu treten. Das funktioniert genauso wie ein Phantasieszenario. Lassen Sie sich einfach vom Geist leiten und sehen Sie, wohin er sie bringt. Kehren Sie am Schluß zum Ausgangspunkt zurück.

Während der Reise

Wenn Sie die Übungen regelmäßig gemacht haben, entscheiden Sie, ob Sie weiter gehen oder nicht. Vielleicht geschieht es eines Tages spontan, daß Sie aus Ihrem physischen Körper austreten. Möglicherweise erschrecken Sie derart, wenn Sie es bemerken, daß Sie unmittelbar in Ihren Körper zurückschießen.

Wenn Sie nach all den Übungen den Körper tatsächlich zeitlich verlassen wollen, werden Sie ausreichend vorbereitet sein und das Austreten wird Ihnen leichter fallen. Stellen Sie sich auf fremdartige Erlebnisse ein, beispielsweise Geräusche, Lichter, Zittern usw. Das hängt mit der Trennung von physischem und astralem Körper zusammen. Sie erleben vielleicht ein schwebendes oder vibrierendes Gefühl und wenn Sie wieder wach werden, kann Ihnen leicht schwindelig sein. Seien Sie nicht enttäuscht, wenn es nicht sofort gelingt haben Sie Geduld...

MAGIE UND MYSTIK

Durch die Breitenwirkung von Fantasy-Romanen, moderner Hexerei und Fernsehserien à la Charmed ist Magie ein Zauberwort, für manche auch ein Reizwort, geworden. Immer mehr Menschen beschäftigen sich mit Magie. Überall begegnen uns Zaubersprüche, die uns viel Geld, die große Liebe oder einen Traumjob versprechen.

Es scheint ja so einfach: Ein paar Kräuter zusammenmixen, eine Kerze anzünden, dreimal mit einem Zauberstab über das Ganze wedeln und dabei einen Spruch murmeln. Und dann, wie von Zauberhand, wirkt die Magie und Ihr Wunsch geht in Erfüllung. Zumindest wenn Sie es richtig gemacht haben.

Zugegeben, in der Theorie klingt das toll. In Wirklichkeit geschieht aber viel mehr als nur die Erfüllung eines Wunsches. Magie zu betreiben ist gerade für den Anfänger alles andere als leicht. Es braucht viel Übung und handwerkliche Technik dazu. Zudem muß man einige Voraussetzungen beachten, bevor man sich an ‚Hokuspokus' heranwagt.

Um Magie zustande zubringen, sind einige Zutaten unerläßlich. Und dabei geht es eben nicht um Kräuter, Düfte, Kerzen und andere Dinge, sondern um Dinge, die sich gänzlich auf geistiger Ebene abspielen: Konzentration, Visualisierung und Meditation. Diese 'heiligen 3' sind die Schlüssel für jede Form von Magie. Jeden dieser drei Schlüssel müssen Sie intensiv trainieren, um irgendwann die Früchte ernten zu können. Jede Handlung und jede mentale Aktion hat eine Folge. Daher müssen Sie jede dieser drei ‚Zutaten' genau beherrschen, damit sie im Bedarfsfall reibungslos zusammenarbeiten können. Es gehen durchaus einige Jahre ins Land, bevor Sie das beherrschen. Für viele vielleicht enttäuschend, aber so ist es: Training braucht Zeit und gutes Training braucht viel Zeit.

Die astrale Ebene

Was versteht man nun genau unter magischer Wirkung?

Kurz gesagt geht es um das Einsetzen der eigenen Energie und die Sie umgebende Energie, um Veränderungen herbei zu führen, die von Vorteil sind. Das gilt, wenn Sie für sich selbst etwas verändern wollen genauso, wie wenn Sie für andere tätig werden.

Durch Konzentration, Meditation und Visualisierung erreichen Sie eine Bündelung von Kräften, die auf einem höheren Bewußtseinsniveau wirken: der Astralebene (s. S. 43).

Hier spielt sich mehr ab, als Sie sich vorstellen können. Die Astralebene ist das Reich der Luftschlösser, das Spielfeld der Gedanken, die nach Herzenslust herum tollen. Ihre eigenen Gedanken und die von anderen, eine Welt, die aus unterschiedlichen Dimensionen besteht und in die Sie nur gelangen können, wenn Sie Ihren Körper (zeitlich) verlassen. Dafür gibt es verschiedene Methoden: Meditieren, Chanten, Visualisieren, Träumen, Trancereisen usw. Auf S. 57 finden Sie Übungen, um das Loslassen des Körpers zu trainieren.

Verbindungen

Eines der okkulten Gesetze lautet: Wie oben, so unten. Alles, was sich im Großen abspielt, spiegelt sich im Kleinen. Beim Kartenlegen mit dem Tarot können Sie das deutlich sehen. Sie erkennen dort, daß die Probleme des Ratsuchenden sich nicht nur auf einer Ebene abspielen, sondern in mehreren Lebensbereichen. Häufig geht es dabei um ein Problem, das in unterschiedlicher Ausprägung immer wieder kehrt.

Das gleiche gilt für Magie: Wie oben, so unten. Verwenden Sie in der Magie Zutaten oder Gegenstände, die eine bestimmte Bedeutung haben und mit den Elementen und dem Ziel des Zaubers zu tun haben: die Korrespondenzen. Rund wird die Magieform durch die Verwendung der Elemente: Erde, Wasser, Luft und Feuer. Sie sind die Bausteine des Menschen und finden sich auf allen Ebenen wieder. Genau darum sind Elemente bzw. Symbole dafür auch auf jedem Hexenaltar zu finden. In einem Hexenritual stehen Weihrauch und ein Athame (rituelles Messer) für das Element Luft, ein Kelch symbolisiert das Wasser, Salz steht für das Element Erde und eine Kerze für das Element Feuer.

Die vier Wächter in einem Ritual versinnbildlichen die vier Himmelsrichtungen, die jeweils wieder mit einem Element korrespondieren. Sie stehen für die Kräfte, auf denen die Elemente aufbauen. Diese vier Elementarwesen sind Gedankengestalten, die Sie selbst erschaffen, indem Sie sie auf spezielle Weise mit Ihrer Stimme anrufen, wodurch Sie bestimmte Schwingungen aktivieren.

Was oben sich auf der Astralebene verändert, verändert sich auch hier unten auf der Erde. Sie bündeln Ihre Gedankenkräfte, bestimmte Handlungen und die Kraft der Worte mit der Sie umgebenden Energie.

Damit setzen Sie dann eine willentliche Veränderung in Gang und das wiederum ist Magie.

Visualisierungsvermögen

Für viele ist das Trainieren Ihre Visualisierungsvermögens nicht leicht. Ich selbst hing schon als Kind meinen Tagträumen nach und denke sehr stark in Bildern. Ich kenne es gar nicht anders. Manchmal habe ich sogar Schwierigkeiten, die Bilder in Worte umzusetzen, vielleicht etwas kurios für eine Autorin. Auf der anderen Seite kann ich durch meine bildliche Sprache vieles sehr viel anschaulicher darstellen. Wenn mir jemand etwas erzählt, sehe ich es sofort bildlich vor mir. Das Visualisieren ist für mich daher so selbstverständlich, daß ich sogar Geschmäcker, Düfte und Geräusche visualisieren kann. Das ist sicher auch der Grund für mein Faible für das Deuten von Träumen und für das Tarot. Bild-Symbole sprechen mich einfach an.

Ich erkannte erst viel später, daß nicht jeder von Natur aus visualisieren kann. Man kann diese Fähigkeit aber gut trainierenn indem man einfach vor sich hin phantasiert, tagträumt oder sich in ein spannendes Buch vertieft. Vor allem das Lesen aktiviert die Visualisierungsfähigkeit. Das Vorstellungsvermögen entwickelt sich dadurch sehr rasch. Oder fangen Sie mit ganz einfachen Vorstellungen an. Malen Sie sich z.B. einen Urlaub an einem Ort aus, zu dem Sie immer schon einmal hin wollten. Was sehen Sie dort, welche Details, etwa Ihrer Trauminsel, können Sie erkennen? Übrigens ein lehrreicher Zeitvertreib, wenn Sie auf den Bus warten müssen!

Weiße und schwarze Magie

Faktisch ist jede Magie sowohl schwarz als auch weiß, es gibt also eigentlich nur graue Magie. Die Begriffe schwarze Magie und weiße Magie werden meist mit der Intention verwendet, daß es bei weißer Magie um positive Absichten geht, etwa das Neutralisieren schlechter Energien, bestimmter Kräfte oder um die Förderung von Heilungsprozessen. In diesem Sinne ist weiße Magie eine ‚mitwirkende' Magieform.

Schwarze Magie ist eher eine ‚gegenwirkende' Magie mit dem Ziel, egoistische Begierden zu befriedigen. Wenn jemand Ihnen beispielsweise das Leben schwer macht, dann ist Bindemagie (im Volksmund ‚verhexen‘ genannt) vielleicht die ideale Magievariante, dann haben Sie mit der Person jedenfalls keine Last mehr. Das ist sicher richtig, aber einen solchen Zauber anzuwenden ist nicht empfehlenswert. Würden Sie es schön finden, wenn ein anderer über Sie einen Zauberspruch oder gar einen Fluch ausspricht, um Sie damit zu beeinflussen?

Der Umgang mit Magie verlangt vor allem Beherrschung, das eigene Ego zurückzustellen, wenn jemand Ihnen gegenüber garstig ist, nicht den ersten Impulsen nachzugeben. Sie müssen die Verantwortung für Ihre Fehler selbst übernehmen und nicht auf andere abschieben.

Vieles von dem, was Ihnen jetzt geschieht, hat mit Ihrer eigenen Lebenseinstellung zu tun. Jeder Schritt, jede Handlung hat Folgen. Erst hinterher können Sie oft sehen, wie große der Einfluß Ihrer Handlung war. Magie einzusetzen, um die eigene Pracht und Glorie zu mehren, einfach ans große Geld zu kommen oder einen tollen Mann oder eine tolle Frau zu bekommen, sollten Sie sich zuvor besonders gut überlegen.

Setzen Sie Magie ein, um Energien zu neutralisieren oder anderen bei Krankheit zu helfen. Dann gehen Sie mit gebenden, positiven Energien um, mit weißer Magie also. Wenn Sie Magie zu rein egoistischen Zwecken einsetzen, dann nehmen Sie sich die Energie.

Ich bin der Meinung, daß man für alles, was man bekommt, auch etwas geben muß. Es ist ganz einfach, denn alles im Leben dreht sich um Ausgeglichenheit, um die Harmonie des Geben und Nehmen. Geld ist ein Tauschmittel. Sie können es nicht für Dinge bekommen, für die Sie nichts getan haben. Und nehmen Sie es trotzdem, dann fehlt es jemand anderem.

Machen Sie sich zur Gewohnheit, für alles, was Sie nehmen auch etwas zurückzugeben, etwa an Mutter Erde. Weitergeben: Gedanken, Assoziationen, Überlegungen, Wissen, auch das verkörpert das Element Luft. Teilen Sie mit anderen, was Sie wissen, wollen oder erfahren. Helfen Sie, wo Sie können und erwarten Sie dafür nichts zurück. Das kommt ganz von selbst!

Es gibt immer wieder Momente, wo Sie denken: Jetzt kann mir nur noch Magie helfen. Aber brauchen Sie wirklich dann Magie? Sind Sie bereit, Opfer zu bringen, um an Ihr Ziel zu kommen, selbst wenn Sie überhaupt nicht wissen, wie diese Opfer aussehen? Seien Sie vorsichtig mit Ihren Wünschen! Es kann geschehen, daß Sie sich mehr wünschen, als Sie wirklich wollen und daß die Sache Ihnen dann schnell über den Kopf wächst.

Verschiedene Formen der Magie

Zumeist erhält die benutze Magieform ihre Bezeichnung nach dem wichtigsten Bestandteil, z.B. Kerzenmagie, Windmagie oder Wolkenmagie.

'Hohe' und 'Niedere' Magie bezeichnen den Unterschied zwischen zeremonieller (hoher) und irdischer (niederer) Magie. Hohe Magie spielt sich in Gedanken ab, wobei Engel oder andere Wesen aus höheren Sphären angerufen werden. Niedere Magie kommt mit Hilfe von Kerzen, Kräutern und anderen Hilfsmittel zustande. Niedere Magie heißt so, weil sie mit unserer Erde, der niederen, materiellen Welt korrespondiert. Hohe Magie korrespondiert mit der feinstofflichen Welt des Gei-

Psychische Angriffe

Zur Welt des Astralen gehören auch außersinnliche Angriffe. Jemand, der sich an schwarze Magie heranwagt, scheut auch den Versuch nicht, andere geistig zu beeinflussen. Das Prinzip ist uralt. In schwarzen Hexereiformen benutzt man z.B. Stoffpuppen, die mit Kräutern, mit etwas Stacheligem und mit etwas vom Opfer selbst (Haare, Fingernägel o.ä.) gefüllt werden. Mit Hilfe dieser Puppe wird dann Magie auf die dargestellte Person ausgeübt.
Mit dergleichen beschäftigen sich die meisten Hexen, Wiccas und Magier zum Glück nicht. Doch einige schwarze Schafe gibt es auch hier. Nicht nur bei primitiven Völkern, sondern auch bei uns sind manche nur auf ihren Vorteil aus. Es gibt unendliche viele Berichte über Menschen, die dieser schwarzen Magie zum Opfer fielen. Wenn auch mancher versuchte, dafür eine sachliche Erklärung zu finden, so war es doch häufig schwarze Magie.

Dasselbe gilt für psychische Angriffe von Entitaten oder Schwarzmagiern. Eine Entität kann eine Gedankenfigur sein, durch einen Magier hervorgerufen, häufig aber sind diese Wesen nicht erklärbar. Weltweit sind Fälle von Menschen bekannt, die während des Schlafes gelähmt wurden, die aus ihrem Bett aufstehen wollten oder aus ihren Träumen bzw. astralen Erfahrungen zurückkehren wollten, aber nicht konnten, und sich dann einer Entität gegenüber sahen. Solche Erlebnisse gehen nicht selten mit wildem Herzrasen, Zittern am ganzen Körper, dem Wunsch, auf zu wachen, es aber nicht zu können, mit Beklemmungen und Gefangenschaftsgefühlen einher. Manchmal gesellt sich noch eine sexuelle Erfahrung dazu.

Mir selbst ist das auch einige Male widerfahren und ich war total erleichtert, als ich erfuhr, daß ich nicht die einzige bin, sondern daß diese Erscheinung wohl bekannt ist. Auf S. 53 habe ich mein Erlebnis mit einem Elementarwesen beschrieben, daß wahrscheinlich keine bösen Absichten hatte und wo ich glücklicherweise stark genug war, dieses Wesen zu verscheuchen. Auf solche Situationen ist fast niemand vorbereitet, wenn sie geschehen, und ebensowenig auf das Faktum, daß jemand anders die Kraft haben kann, seine Denkwelt und sein Leben zu beeinflussen. Es ist aber wichtig, sich dessen bewußt zu sein.

Es kann auch unbewußte psychische Attacken von Menschen geben, die unbewußt zuviel Energie absuagen. So etwas nennt man dann psychischen Vampirismus.

Wie können Sie sich davor schützen?

- Weisen Sie schlechte Gedanken, die sie plötzlich überfallen und von denen Sie sicher wissen, daß es nicht Ihre eigenen Gedanken sind, energisch zurück.
- Reinigen Sie Ihr Haus oder Ihre Wohnung regelmäßig mit Weihrauch.
- Basteln Sie sich eine Hexenschachtel mit Spiegeln an der Innenseite, oder eine Hexenflasche, die Sie mit scharfen Gegenständen füllen und danach aufstellen, aufhängen oder im Garten vergraben.
- Beschützen Sie sich selbst und Ihre Helfer beim Austreten, indem Sie einen Bannkreis um sich ziehen, durch ein Pentagramm oder durch eine Pyramide. In solchen Momenten hilft Ihr Training der Visualisierung, der Willenskraft und der Konzentration Ihnen weiter. Tragen Sie als Schmuck einen schwarzen Obsidian, einen Bergkristall, Gagat, schwarze Jade, einen Amethyst oder Quarz. Diese Edelsteine helfen gegen böse Energien.
- Versuchen Sie, die Kontrolle über Ihre Gedanken zu erlangen und meditieren Sie regelmäßig, um zur Ruhe zu kommen.

LUFT IN DER ASTROLOGIE

Das Element Luft gehört zu den Tierkreiszeichen Zwillinge, Waage und Wassermann, sowie zum 3., 7. und 11. Haus. In der Astrologie gibt es zwölf Häuser, oder Lebensgebiete, die jeweils mit den Tierkreiszeichen, den Elementen und den Planeten verbunden sind. Jedes Zeichen gehört zu einem Haus bzw. einem Planeten. Die Planeten und Häuser werden in den Büchern dieser kleinen Elemente-Serie nur kurz behandelt.

Zwillinge
Luftzeichen, regiert vom Planeten Merkur
Tag: Mittwoch
Magische Wirkung: Verkehr, Transport, Handel, Wahrsagen, Wünsche, Beziehungen, Kommunikation, studieren und schreiben
Stein: Achat, gelber Karneol, Bernstein, Zitrin, Goldtopas, Bergkristall, Topas
Kräuter und Gewürze: Zimt, Curry, Safran, Lavendel, Pfefferminze, Kümmel, Dill, Thymian
Öle: Salbei, Eukalyptus, Jasmin, Sandelholz, Lavendel, Bergamotte, Minze
Metall: Quecksilber
Farbe: (hell-)gelb, hellblau
Körperteil: Ohren, Brust, Lungen, Arme, Hände, Schultern
Besonders empfindlich für: Erkrankungen der Atemwege, Nervosität, Hyperventilation, Arthrose und rheumatische Erkrankungen der Hände

Sonne in den Zwillingen (21. Mai-21. Juni)
Sie sind ein aktiver, geschäftiger und ruheloser Mensch, der stets auf der Suche nach neuen Herausforderungen ist. Ihre Gehirn läuft permanent auf Hochtouren und Sie ersinnen immer neue Pläne und Dinge, die Sie unbedingt umsetzen wollen. Manchmal sind Sie derart neugierig, daß andere Ihnen die Tür vor der Nase zuschlagen. Sie haben ein unstillbares Bedürfnis nach Abwechslung. Unruhe und Rastlosigkeit sind typisch für Ihr Wesen. Ihre Tage sind erfüllt von tausend Dingen, die noch erledigt

werden müssen. Sie wissen eine Menge und interessieren sich für alles Mögliche. Ihr Wissensdurst und Ihr Drang, alles gleichzeitig zu wollen, machen es Ihnen schwer, sich auf einen Punkt zu konzentrieren. Sie haben ein tiefes Gefühlsleben. Wenn Sie depressiv sind, lassen Sie das nicht jeden merken. Manchmal sind Sie wie zwei verschiedene Menschen: Zu Hause sind Sie so, wie Sie sind, in der Öffentlichkeit zeigen Sie ein ganz anderes Gesicht.

Sie sind jemand, der sich schnell selbst ins Abseits reden kann. Weil Sie so redselig sind, können Sie unversehens in kommunikative Schwierigkeiten geraten und Probleme damit haben, mit anderen Menschen einen tiefer gehenden Kontakt zu pflegen. Andererseits sorgt Ihre gewählte Ausdrucksweise dafür, daß Ihnen die Menschen an den Lippen hängen. Sie sind ein beliebter Gesprächspartner, vor allem, weil Sie überall Bescheid wissen. Emotionen können Sie geradezu überfluten. Menschen mit der Sonne in den Zwillingen sind außerordentlich herzlich und überall für eine Tasse Kaffee und ein Schwätzchen willkommen. Doch wenn die Tür hinter ihm zugeschlagen ist, dann widmet sich der Zwilling schon wieder etwas ganz anderem und scheint das eben Gewesene schon vergessen zu haben. Denn Ruhe gönnt sich der Zwilling erst im Alter!

Aszendent Zwillinge
Sie sind sehr flexibel und passen sich leicht an. Andere finden, daß Sie etwas zu gesellig, gewitzt und neugierig sind und fragen sich, ob Sie vielleicht Hummeln im Hintern haben oder den Schnellgang eingelegt haben. Sie können überall mitreden, kein Thema ist Ihnen fremd, ob es nun über die Nachbarin geht oder über das Wetter. Sie erscheinen sehr interessiert und geben den anderen das Gefühl, wirklich mit Ihnen mit zu denken und zu fühlen. Auf diese Weise können Sie ihnen Dinge entlocken, die sie sonst kaum preisgeben würden. Langweilt ein Thema Sie, dann wechseln Sie geschwind auf ein anderes. Eine Warnung ist angebracht: Ihr ungezügeltes Geplauder kann bewirken, daß man Sie nicht mehr ernst nimmt. Und so kann sich Ihre große Stärke zu Ihrer größten Schwäche verwandeln.

Mond in den Zwillingen

Sie sind ruhelos, geschäftig, oberflächlich, neugierig, wortreich und haben ein breit gestreutes Interessenspektrum. Sie können jemandem ein Ohr ‚absabbeln' und manche Menschen machen daher einen großen Bogen um Sie herum. Sie sind schnell fertig mit Personen, es gibt ja genug, mit denen Sie sich darüber austauschen können, was Sie beschäftigt. Sie lieben die Abwechslung und emotionale Kontakte. Ihre Gefühle können Sie problemlos äußern und zu Papier bringen.

Sie neigen aber dazu, Gefühle zu versachlichen und wissen daher oft nicht, was Sie eigentlich wirklich fühlen. Das gibt Ihnen die Gelegenheit, sich zu distanzieren, um die Angelegenheit nur ja nicht zu weit gehen zu lassen. Sie bleiben eher oberflächlich und distanziert. Sie lieben es, die Gefühle anderer zu relativieren. Das kann durchaus zur Auflockerung beitragen, kann aber auch dafür sorgen, daß Sie die anderen nicht ganz ernst nehmen und ihre Probleme bagatellisieren.

Zuweilen können Sie sehr niedergeschlagen sein, was aber nie lange andauert. Sie besuchen zur Zeit mindestens einen Weiterbildungskurs und neben Ihrem Bett liegt immer ein hoher Stapel Bücher.

Waage

Luftzeichen, regiert von Venus

Tag: Freitag

Magische Wirkung: Partner finden, Hochzeit, Frieden stiften, Verträge abschließen, Konflikte beilegen, ausgleichen, Liebe, Ideale, Teams bilden

Stein: Saphir, Jaspis, rosa Koralle, Jade, Rosenquarz, Perle, rosa Turmalin, blauer Saphir, Aquamarin

Kräuter und Gewürze: Kardamom, Thymian, Vanille

Öle: Vanille, Ylang-Ylang, Geranium, Rose

Metall: Kupfer

Farbe: hellgrün, rosa

Körperteil: Nieren

Besonders empfindlich für: Gleichgewichtsstörungen, Nierenprobleme, Gefäßerkrankungen, Hautprobleme wie Ekzeme, die aus Nierenerkrankungen resultieren

Sonne in der Waage (23. September-22. Oktober)
Sie zeigen sich fröhlich, freundlich, charmant, sind beliebt und sozial, wenn Sie auch manchmal damit übertreiben. Das bringt die Waage zuweilen in den Ruf, ein Speichellecker zu sein. Das ist aber gewiß nicht Ihre Absicht, Sie mögen nur partout keine Konflikte und versuchen, Harmonie zu erzeugen, koste es, was es wolle. Streit macht Sie buchstäblich krank. Konflikte auf der Arbeit umgehen Sie, indem Sie verschwinden und z.B. auf der Toilette so lange warten, bis das Unwetter vorbei ist. Dann kommen Sie mit einem lieblichen Lächeln, mit Kaffe und Keksen wieder hervor und tun so, als ob nichts gewesen wäre.
Kunst steht bei Ihnen ganz hoch im Kurs. Sie haben einen ausgeprägten Sinn für Schönheit. Sie legen großen Wert auf schöne Kleidung, bevorzugen gute Umgangsformen und sorgen dafür, daß Ihre Umgebung gediegen aussieht, wobei Sie vor allem die Farben präzise aufeinander abstimmen. Waagen ergreifen daher nicht selten einen künstlerischen Beruf, weil Sie sich darin am wohlsten fühlen.
Es fällt Ihnen schwer, entschieden aufzutreten, da Sie immer alles aus unterschiedlichen Blickwinkeln betrachten. Sie nehmen lieber keinen festen Standpunkt ein, denn für jede Sichtweise bringen Sie Verständnis auf. Das prädestiniert Sie für den Posten des Vermittlers, der die Belange aller Seiten im Streitfall in Ausgleich zu bringen versucht. Sie haben diplomatisches Geschick. Auch in Eins-zu-eins-Relationen sind Sie gut und daher hervorragend als Coach oder Therapeut geeignet.
Weil Sie niemanden enttäuschen wollen, machen Sie immer wieder Versprechungen, die Sie nicht halten können. Oder Sie schleichen um den heißen Brei herum und gehen damit Problemen aus dem Weg, ohne zu merken, daß Sie die Probleme damit nur aufschieben, aber nicht lösen. Mit dieser Unentschlossenheit frustrieren Sie sich nur selbst. Sie haben große Mühe Entschlüsse zu fassen oder Entscheidungen zu treffen. Obendrein neigen Sie dazu, vieles mit dem Mäntelchen der Liebe zu verdecken.

Aszendent Waage
Sie erscheinen unbekümmert, freundlich und sehr charmant und verstehen es, Gespräche immer wieder in gute Bahnen zu lenken. Sie sind

sehr taktvoll und daher kommen die Menschen gerne mit ihren Problemen zu Ihnen, denn sie wissen, daß Ihre Kritik, so nötig, nicht hart ausfallen wird. Ein Problem ist aber Ihre Zögerlichkeit. Sie können andere schnell im Ungewissen lassen und winden sich in allerlei Ausreden, wenn man von Ihnen entschiedenes Auftreten erwartet. Als PR-Person sind Sie damit die Idealbesetzung, eignen sich aber weniger für Führungspositionen. Man hat nun einmal gerne eine tatkräftige Person am Ruder, die weiß welchen Kurs sie fahren will.

Mond in der Waage

Ihre Schlüsselwort sind: herzlich, warm, liebevoll, taktvoll, charmant, kunstsinnig, kompromißbereit. Sie möchten alle Menschen zu Freund haben, daher passen Sie sich sehr stark an andere an und vergessen allzu leicht Ihre eigenen Bedürfnisse. Das ist absolut nicht gesund. Sie lieben die Gesellschaft und das Gespräch mit jedermann. Allzu heftigen Diskussionen gehen Sie aus dem Weg, das ist Ihnen unangenehm. Mit Ihrem Charme wissen Sie die Leute um den Finger zu wickeln, nehmen aber nur schwer einen eigenen Standpunkt ein. Manchmal sind Sie ein wenig zu süßlich und irritieren damit andere nur.

Sie sind sensibel für die Befindlichkeit und die Reaktionen anderer, insbesondere wenn es um Beziehungen oder Menschen geht, mit denen Sie zusammenarbeiten. Wenn es in Ihrer eigenen Beziehung nicht klappt, können Sie sehr verstört reagieren bis hin zur physischen Erkrankung.

Häufig machen Sie Versprechungen, denen Sie nicht nachkommen können, nur um nett zu sein. Um dann nicht hinter ihrem Wort stehen zu müssen, unternehmen Sie allerlei Bemühungen oder Sie ‚vergessen' es einfach, was wiederum manch einen sehr ärgert. Typisch für Sie ist, Problemen im großen Bogen aus dem Weg zu gehen. Sie sehen lieber nur die Sonnenseite, denn die dunklen Seiten verstören Sie wieder nur. Sie halten sich lieber an die Schönheit, für die Sie einen Blick haben. Ebenso wie diejenigen mit der Waage in der Sonne haben Sie Probleme, zu entscheiden oder sich zu etwas zu entschließen.

Wassermann

Luftzeichen, regiert von Uranus
Tag: Samstag
Magische Wirkung: Freundschaften, Gruppen und Organisationen, Ideale, Wünsche und Sehnsüchte, Zukunftspläne, Öffentlichkeit, große Menschenmengen, eigene Souveränität, Revolution, Reformen zugunsten großer Gruppen
Stein: Amethyst, Koralle, Aquamarin, Opal, blauer Topas, Türkis
Kräuter und Gewürze: Salbei, Kerbel
Öle: Zeder, Gewürznelke, Myrrhe
Metall: Uran
Farbe: stahlblau, türkis
Körperteil: Gelenke, Nervensystem, Rückenmark, Blutkreislauf, Waden und Unterschenkel
Besonders empfindlich für: schwache Nerven, Überspanntheit, Störungen im Blutkreislauf, schwache Gelenke, Krampfadern, Rückbeschwerden und Störungen im Nervensystem

Sonne im Wassermann (20. Januar-18. Februar)

So freiheitsliebend Sie als Wassermann sind, so groß sind Ihre Probleme mit Autoritäten. Originell, exzentrisch, sozial, forschend und unabhängig haben Sie die Zügel Ihres Lebens in der Hand, und da ist kein Platz für zu enge Kontakte, denn davor haben Sie eine Heidenangst. Für Sie gilt die Losung ‚Freiheit, Gleichheit, Brüderlichkeit', als sei sie für Sie erfunden worden. Sie mögen das Vereinsleben und das Zusammensein mit Gruppen, doch behalten Sie dabei stets Ihren eigenen Charakter und gehen ihren eigenen Weg. Sie sind originell, findig, und kommen mit innovativen Vorschlägen, die große Chancen auf Erfolg haben. Sie sind die ideale Person für verschiedenste Funktionen.

Ähnlich wie bei den Zwillingen läuft auch Ihr Gehirn auf vollen Touren, mit dem Unterschied, daß Sie alles gut und tief durchdenken und sich nicht so schnell verzetteln. Dennoch haben Sie ein lebendiges und tiefgehendes Interesse für vielerlei Dinge, sind sehr kreativ und besitzen einen scharfen Verstand. Sie haben ein Auge und ein Ohr für jeden in Ihrer Umgebung und Lebens zugleich in Ihrer eigenen Erlebniswelt.

Das Elend der Welt trifft Sie, so daß Sie intensiv über mögliche Wege nachdenken, echte Lösungen dafür zu finden.
Sie können sehr ungeduldig, schnell frustriert und sogar neurotisch sein. Aufgrund Ihrer schnellen Denkweise sind Sie anderen weit voraus. Sie sind auch Ihrer Zeit voraus, was den Widerstand der anderen hervorruft. Das wiederum bewirkt, daß Sie sich mißverstanden, einsam und enttäuscht fühlen. Es kann geschehen, daß man Ihre Ideen nicht ernst nimmt und erst Jahre später ein anderer die Lorbeeren dafür einstreicht. Oft fällt es Ihnen schwer, Emotionen anderer zu verstehen. Sie reden sicher über Gefühle, halten sich aber selbst lieber außen vor.
Womöglich sind Sie auch rechthaberisch und dickköpfig. Sie sind derart von Ihren eigenen Lösungen überzeugt, daß Sie diese geradezu fanatisch durchboxen möchten und sich deshalb andere von Ihnen abwenden. Und dann stürzen Sie plötzlich von dem Seil der Eigensinnigkeit, auf dem Sie als Wassermann balancieren...

Aszendent Wassermann

Sie erscheinen ruhig, heiter und wohlüberlegt handelnd. Menschen kommen mit Ihren Problemen zu Ihnen und Sie machen sich stark für die Benachteiligten. Allerdings haben Sie Probleme mit impulsiven Menschen, Sie selbst gehen schließlich immer sehr bedächtig und sachlich ans Werk. Zuweilen sind Sie zu idealistisch. Kleinkariertheit bringt Sie auf die Palme und läßt Sie wie ein Don Quichote gegen die Windmühlen kämpfen. Sie werden dann ungemein jähzornig und gehen unerbittlich daran, die eigenen Normen und Werte deutlich hervor zu kehren. Allerdings haben Sie auch keine Probleme damit, wenn Ihre Wahrheit nicht bereitwillig entgegengenommen wird. Freiheit, Gleichheit, das gilt auch für die Gegenseite...

Mond im Wassermann

Freiheitsdrang, sozial, eigensinnig, systematisch, rational eingestellt. Sie lieben alles, was ungewöhnlich, anders, originell, alternativ oder rebellisch ist. Wenngleich Sie ein sozialer Mensch sind und gerne eng mit anderen verkehren, bleiben Sie sich selbst jederzeit treu. Dadurch nehmen Sie möglicherweise eine singuläre Position in einer Gruppe einnehmen, weil Sie stur auf Ihrer Meinung beharren. Sie haben Mühe, sich emotional zu binden und fühlen sich daher manchmal sehr einsam. Sie werden Ihre Verletzlichkeit niemals zeigen und lieber für sich behalten. In schlechten Zeiten haben Sie die Fähigkeit, sich durchzubeißen und so auf den Beinen zu bleiben. Sie haben spritzige, zukunftsweisende Einfälle, Ideen und Einsichten.

Lufthäuser

Ein Tierkreiszeichen wohnt in einem Gebiet, welches weitere Einsichten in die Verhältnisse gibt. Diese Gebiete nennt man in der Astrologie Häuser.
Das 3. Haus – Kommunikation, nächste Umgebung, Brüder und Schwestern, Austausch von Informationen, Lernen, kurze Reisen und Ausflüge.
Das 7. Haus – Zusammenarbeit, Zweierbeziehungen, Austausch.
Das 11. Haus – Soziale Kontakte, Freundeskreis, Teamgeist, Vereinsleben, Gruppe Gleichgesinnter, das Volk, die Öffentlichkeit.

Planeten und Luft

Die Häuser und Tierkreiszeichen werden von Planeten regiert. Ihre Eigenschaften finden sich damit auch in den Elementen wieder. Die komplette Tabelle finden Sie im Anhang Korrespondenzen zur Astrologie.
Venus: verbunden mit Stier und Waage; Planet von Schönheit, Liebe, Kunst und Harmonie.
Merkur: verbunden mit Jungfrau und Zwillinge; Planet von Kommunikation, Wissen und Schrift; Analysieren.
Uranus: verbunden mit Wassermann; Planet der unverhofften Eingebungen, der Freiheit, der Individualität, der Ursprünglichkeit, der Intuition und der Unabhängigkeit.

Wenig oder keine Luft

Es ist möglich, daß das Element Luft nur wenig oder gar nicht in Ihrem Horoskop vorkommt. Das kann bedeuten, daß Sie Mühe haben, bestimmte Themen gründlich zu durchdenken. Möglicherweise fehlt es Ihnen an Konzentration und vielleicht haben Sie auch Kommunikationsprobleme. Sie denken nicht rational und analytisch, sondern sehr emotional. Die Atemübungen auf S. 81 helfen bestimmt.

Viel Luft

Zuviel Luft im Horoskop kann zu geradezu fanatischem Wissensdurst führen. Nur mal ruhig ein Buch lesen, ist dann nichts für Sie. Sie sind rein rational, gefühllos, Verstandes-orientiert, intellektuell, ungeduldig und launisch. Im folgenden Schema können Sie die Folgen von zuviel oder zu wenig Anteilen eines Elements ablesen.

Luft

+ kommunikativ, sozial, unbekümmert, analytisch, philosophisch, originell, intellektuell, neugierig, erforschend, theoretisch, verstandesorientiert, rational
– übertrieben theoretisch, übertrieben analytisch, rationalisierend, Kontrollzwang, neurotisch, gefühllos

Wasser

+ emotional, phantasievoll, feinfühlig, kreativ, aufgeschlossen, spirituell, mystisch
– sentimental, lamentierend, launisch, psychotisch, nervös, weinerlich, Opfer, abhängig (sowohl von Mitteln als auch von Menschen)

Feuer

+ Lebensfreude, Begeisterung, Passion, Heiterkeit, Lebensfreude, heiter, Selbstvertrauen, optimistisch, temperamentvoll, leidenschaftlich, fleißig, tatkräftig, kreativ, abenteuerlustig, unternehmungslustig, herzlich
– aufbrausend, übertreibend, snobistisch, jähzornig, fanatisch, ungeduldig, egozentrisch, bringt nichts zu Ende, leichtsinnig, schroff

Erde

+ solide, vertrauenswürdig, praktisch, Durchsetzungsvermögen, zielgerichtet, verantwortungsbewußt, strukturiert
– materialistisch, starr, dickköpfig, unnachgiebig, konservativ, phantasielos, pessimistisch

Konstellation von Sonne, Mond und Aszendent

Was für ein Mensch Sie sind, ob ein Feuer-, Erde-, Luft-, Wasser-Typ ober eine Kombination von allem, können Sie an der Konstellation von Sonne, Mond und Aszendent in Ihrem Geburtshoroskop ablesen. Die möglichen Kombinationen finden Sie in der Tabelle. Steht Ihr Mond in einem Wasserzeichen, Ihr Aszendent in einem Feuerzeichen und Ihre Sonne (auch als das Tierkreiszeichen bekannt) in einem Luftzeichen, dann können Sie in der Tabelle nachschlagen, welche positiven und negativen Eigenschaften die Kombination Luft - Wasser - Feuer hat. Wenn auch die übrigen Planetenstellung nicht unwichtiger sind, so zeigen Sonne, Aszendent und Mond doch wesentliche Kernpunkte: Wie und was Sie sind (Sonne), wie es mit Ihrem Gefühlsleben bestellt ist (Mond) und wie Sie sich verhalten (Aszendent). Der Aszendent ist das Tierkreiszeichen, welches zum Zeitpunkt Ihrer Geburt am östlichen Horizont erscheint. Diese drei liefern die wesentlichen Indikatoren für Ihren Typ. Die anderen Tierkreiszeichen, Planeten und Häuser stehen für eine Gesamtübersicht ebenfalls dabei.

Den Mond finde ich derart faszinierend, daß ich ihm bereits ein eigenes Buch gewidmet habe: Das magische Buch vom Mond. Wenn Sie mehr über den Mond in den Tierkreiszeichen und über die Häuser Ihres Geburtshoroskop wissen möchten, dann schlagen Sie in den Ephemeriden nach. Es gibt im Internet auch Programme, mit deren Hilfe Sie herausfinden können, wo Ihr Mond und Ihr Aszendent im Geburtshoroskop stehen. Wer sich intensiver mit Astrologie auseinandersetzen möchte sei auf die umfangreiche Fachliteratur verwiesen. Ein Besuch bei einem anerkannten Astrologen kann Ihnen ebenfalls helfen, mehr über sich zu erfahren.

Tabelle: Der Einfluß der Elementeverteilung im Geburtshoroskop.

Erde Wasser Luft Feuer

Sonne | Mond | Aszendent

\+ Fähigkeit, andere ohne Sentimentalität zu verstehen. Rationale Feststellungen werden verständnisvoll vermittelt. Sehr kommunikativ und sozial eingestellt. Kraftvolle Ausdrücke.

– Kann schlecht Kompromisse schließen. Schwierigkeiten, sich anzupassen.

\+ Die analytischen Fähigkeiten lassen hier buchstäblich abheben. Erde bringt hier 'Grund' herein. Luftschlösser sind schön, sollten aber nicht in Wirklichkeit gebaut werden.

– Zu theoretisch, gefühllos.

\+ Sozial, charmant, originell, scharfsinnig, impulsiv.
– Nervös, unaufmerksam, schlechtes Konzentrationsvermögen, schroff.

\+ Sie haben ein tiefgehendes Interesse an Bildung. Bibliotheken sind Ihr Zuhause.
– Sie gehen derart in Ihren geistigen Aktivitäten auf, daß nur wenig Raum für Sachlichkeit (Erde), Begeisterung (Feuer) oder Emotionen (Wasser) bleibt.

\+ Große Gefühle, die Sie ab und zu haben, werden schnell durch klar gegliederte Gedankengänge in Luft aufgelöst. Einfühlungsvermögen ist mit aufrichtiger Neugierde kombiniert. Idealistisch, diplomatisch, lebendig.
– Analysen stehen unter dem Einfluß der Gefühle, was das klare Denken vernebeln kann. Zauderndes Verhalten. Eigensinnig.

\+ Überzeugungskraft, Vorstellungskraft und die Fähigkeit Schreiben und Erzählen zu können.
– Unerreichbar, rechthaberisch.

\+ Nüchtern, durchsetzungskräftig und analytisch.
– Feuer fehlt, darum wenig Energie.

\+ Analytische Fähigkeit, kombiniert mit Sachlichkeit und etwas Sehnsucht.
– Emotionen und Einfühlungsvermögen könne hier etwas ins Hintertreffen geraten. Kritisch.

\+ Fähigkeit, zu Relativieren.
– Sie könne kalt, schneidend und distanziert wirken.

\+ Sportlich, mutig, erfindungsreich, ergreift die Initiative, unternehmungslustig, offenherzig.
– Waghalsig, egozentrisch, freiheitsliebend, angeberisch, überstürzt handelnd.

HARMONIE FINDEN MIT DEM ELEMENT LUFT

Jedes Element ist in Ihrem Körper gegenwärtig. Es ist aber sehr selten, daß sie alle gleichmäßig verteilt sind. In Ihrem Geburtshoroskop können Sie genau ablesen, wie die Elemente verteilt sind. Manchmal ist ein Element kaum oder gar nicht vertreten, während ein anderes dominiert. Das ist nicht schlimm, denn die Lektionen des Lebens, die damit verbunden sind, sind wichtig für Sie. So gesehen können Sie selbst auf eigene Weise in Balance, in Harmonie kommen. Allerdings geraten Sie in Streßsituationen aus Ihrem normalen Gleichgewicht, weil ein Element plötzlich in den Vordergrund drängt oder völlig verschwindet.

Nun ist das Geburtshoroskop nicht die einzige Möglichkeit herauszufinden, wer Sie sind. Schauen Sie, ob Sie sich in einer der folgenden Beschreibungen wieder finden. Auch Verhaltensweisen, die Ihnen völlig gegen den Strich gehen, können Hinweise geben. Mit Übungen können Sie Ihr Gleichgewicht wiederfinden.

Element Luft ausgewogen:
Flexibel, taktvoll, sozial, innovativ, optimistisch, weise, kreativ, analytisch, scharfsinnig, heiter, lösungsorientiert, überzeugend, leichtfüßig, entschlossen, verständnisvoll, kommunikativ, intellektuell, belehrend, freundlich, logisch denkend, agil, idealistisch, objektiv, phantasievoll, kumpelhaft, zusammenarbeitend, edelmütig, verantwortungsbewußt, gefaßt.

Element Luft unausgewogen:
1. Zu viel Luft
Folge: Hyperaktiver Geist, Gefahr sich zu verzetteln, tausend Dinge finden Sie interessant, aber nichts interessiert Sie wirklich; zweifelnd, zu analytisch, besorgt, fanatisch, angeberisch, abwesend, gedankenlos, unberechenbar, schwatzhaft, leicht ablenkbar, Intellekt geht vor Gefühl, chaotisch, dogmatisch, wenig Lust auf Sex, ängstlich, leicht zu beeinflussen, hängt sein Mäntelchen in den Wind, Verdauungsstörungen, Neigung zur

Abgehobenheit, Anlage für Wahnvorstellungen und Halluzinationen, flache Atmung.
Ausgleich durch Ernährung: Essen Sie etwas schwerere Kost, beispielsweise gesunde, üppige Brotmahlzeiten, Kartoffel- und Pasta-Gerichte. Nehmen Sie mehr Milchprodukte zu sich und verfeinern Sie Gemüse mit Butter und/oder Käse. Sie dürfen ruhig etwas fetter und schwerer essen als gewöhnlich und sicher auch stärker würzen. Essen Sie nicht zu viele Früchte oder rohes Gemüse. Möhren-, Rote-Beete- oder Tomatensaft trinken.
Ausgleich durch Übungen: Schlammbäder, Ganzkörperpackungen, Fußmassagen, Sauna und Schwimmen, Bauchatmungsübungen, Bauchmuskeltraining, Meditation, Entspannungsübungen, Spazierengehen, Gärtnern. Vermeiden Sie Übungen, die Ihre Gelenke stark belasten, wie etwas schnelles Laufen. Einölen und Einsalben. Beschäftigen Sie sich mit Ihrem Körper.

2. Zu wenig Luft

Folge: Mangel an nüchterner Analyse, Losplappern, ohne vorher nachzudenken, impulsiv, Kommunikationsprobleme, Konzentrationsmangel, Desinteresse, entscheidungsschwach, passiv, langweilig, Atmungsprobleme, Erschöpfung.
Ausgleich durch Ernährung: Leicht, luftig und abwechslungsreich essen. Fisch, Geflügel und Vegetarisches in Kombination mit Naturreis. Essen Sie ruhig sehr würzig. Tee aus Minze, Zitronengras und grünem Tee.
Ausgleich durch Übungen: Jemand mit wenig Luft braucht Licht, Luft, Raum und Atemübungen. Blumen pflücken, Blumen stecken und Blütenkränze winden. Lachen hilft besonders!

Prüfen Sie, ob Sie sich selbst in den folgenden Beschreibungen erkennen. Wenn einer dieser Charakterzüge dominiert oder kaum vorhanden ist, dann ist es angebracht, die Ausgeglichenheit wiederherzustellen. Besonders geeignet dafür ist, genau das zu tun, was Ihnen widerstrebt und die Dinge zu lassen, denen Sie eigentlich den Vorzug gäben. Im Kapitel Luft in der Astrologie (s. S. 67), können Sie mehr über Ihren Typ nachlesen.

Der Luft-Typ

Wenn Sie eher intellektuell sind, gerne den Dingen auf den Grund gehen und die Analyse zu Ihrer Lieblingskunst erhoben haben, dann sind Sie mit ziemlicher Sicherheit ein Luft-Mensch. Damit können Sie es aber auch übertreiben und über das Ziel hinaus fliegen, mit der Folge, daß kein Mensch mit Ihnen Schritt halten kann. Alles, was Ihr Wissen vermehren könnte, sehen Sie als Herausforderung an, seien es nun Reisen, Lesen oder Studieren. Wenn Sie es damit übertreiben, überrollen Sie andere gerne mit Ihren Ideen, ohne Rücksicht auf Verluste. Nicht jeder will davon hören. Mit Ihren Gedanken machen Sie den ersten Schritt in Richtung Veränderung und Neuschöpfung. Sie denken etwas erst genau durch, bevor Sie es in die Tat umsetzen.

Wahrscheinlich bereitet es Ihnen großes Vergnügen, Ihre Ideen zu Papier zu bringen. In aller Stille träumen Sie von einer Karriere als Schriftsteller oder Lehrer. Ein ausgeprägter Sinn für Wortspiele und Sprache überhaupt gehören ebenfalls zum Element Luft. Ihr Schlüsselwort heißt kommunizieren. Solange Sie andere damit nicht überfahren, ist das auch schön. Doch nicht jeder kann oder will Ihren abstrakten Gedankengängen immer folgen. Ihnen ist die Sache völlig klar, sie haben sich schließlich schon lange mit dem Thema beschäftigt. Das gilt aber nicht für jeden.

Wenn Sie sich in den Beschreibungen zum Typ mit wenig Luft wiederfinden, dann machen Sie Übungen, die bei den anderen Elementen beschrieben sind. Etwas mehr Erde kann helfen, dem eigenen Verhalten mehr Struktur zu geben. Etwas mehr Wasser sorgt dafür, daß Sie wieder offener für Ihre Gefühle werden und nicht nur darüber theoretisieren, sondern sich einfühlen. Ein Funke mehr Feuer kann wieder mehr Leidenschaft ins Spiel bringen, so daß Sie nicht nur den geistigen Vergnügungen, sondern auch dem körperlichen Vergnügen aufgeschlossener sind.

Der Feuer-Typ

Es macht gar nichts, hellauf begeistert zu sein, aber zu wild und ungestüm ist dann doch zu heftig. Viel Luft kann Ihr Feuer auflodern lassen und macht Sie energischer. Wenn es aber zu viel ist, dann verschleudern

Sie nur unnötig Ihre Kräfte. Lassen Sie sich am Strand vom Wind einmal ordentlich durchpusten und nehmen Sie einen Drachen mit. Lassen Sie ihn steigen und stellen Sie sich vor, Sie selbst seien der dort oben fliegende Drache.

Der Wasser-Typ

Wenn Sie der Typ sind, der sich von den Wogen der Emotionen tragen läßt – in die tiefsten Tiefen und auf die höchsten Höhen – dann ist es ratsam, daß Sie ein paar Übungen machen, die das Ganze etwas leichter und luftiger machen. Also zuerst nachdenken und nicht gleich dem ersten Impuls des Gefühls folgen. Mieten Sie ein Boot und gehen Sie segeln oder rudern. Stellen Sie sich vor, Sie selbst seien das Boot. Nichts beruhigt Sie mehr als ein Tag auf dem Wasser.

Der Erde-Typ

Bedächtig, ruhig, sachlich, vielleicht etwas träge und gerne auch dickköpfig. Ein bißchen mehr Luft kann helfen, das eigene Verhalten zu analysieren und das macht es schon ein Stück leichter für Sie. Nehmen Sie Ihren Picknickkorb mit und einen Ball unter dem Arm und ab geht's ins Grüne. Spielen Sie ein wenig Volleyball oder Handball. Stellen Sie sich vor, Sie seien der Wind und der Ball ein Problem, das Ihnen schon lange auf dem Magen liegt. Und nun gegen Sie dem Ball Saures...

Was Sie tun können

Atemübungen 1

Machen Sie diese Übung an einem schönen Flecken draußen im Grünen oder zumindest bei geöffnetem Fenster: Sie brauchen viel frische Luft. Es ist ja wohl sonnenklar, daß Sie sich nicht gerade an eine verkehrsreiche Straße stellen. Und wenn Sie in einer lauten Geschäftsstraße wohnen, sollten Sie lieber in den Park gehen.
Legen Sie sich auf den Rücken und schließen Sie die Augen. Die Beine können Sie ausstrecken oder leicht angewinkelt halten. Die Hände legen Sie auf den Bauch. Atmen Sie langsam durch die Nase ein, halten Sie den Atem an, zählen Sie bis fünf und atmen Sie wieder über die Nase aus. Mit jedem Atemzug nehmen Sie mehr Energie und Sauerstoff auf und die Spannungen verschwinden langsam aus Ihrem Körper.

Nach fünfmaligem Atmen durch die Nase, beginnen Sie nun tiefer zu atmen und zwar über den Bauch. Atmen Sie mit dem Mund. Auch hier nach jedem Einatmen bis fünf zählen und durch den Mund ausatmen. Diese Bauchatmung machen Sie wiederum fünfmal. Dann schalten Sie wieder fünfmal auf die flachere Nasenatmung um. Sie können diesen Übungszyklus mehrmals wiederholen, solange, bis Sie meinen, genug Energie getankt zu haben.

Atemübungen 2

Wenn Sie merken, daß Ihre Atmung unregelmäßig wird, dann tun Sie folgendes: Setzen Sie sich ruhig auf eine Bank oder einen Stuhl. Atmen Sie langsam und konzentriert über die Nase ein und über den Mund aus. Halten Sie das ein paar Minuten durch. Danach werden Sie sich entspannter fühlen.

Musik machen

Bestens geeignet, es mit anderen zusammen zu tun. Gehen Sie gemeinsam hinaus in die Natur und schnitzen Sie sich aus Weidenzweigen kleine Flöten. Wollen Sie alle Elemente vertreten wissen, dann sorgen Sie für eine Trommel (Erde), eine Flöte oder ein Didgeridoo (Luft), ein Sistrum (Wasser) und ein Seiteninstrument, beispielsweise eine kleine Harfe (Feuer). Singen und tanzen Sie nach Herzenslust. Sie werden einen bezaubernden Nachmittag haben!

Drachen steigen lassen

Lassen Sie Ihren Drachen im Wind tanzen und trudeln. Währenddessen stellen Sie sich vor, Sie selbst seien der Drachen oben am Himmel. Zugucken bei anderen ist ebenso schön. Wenn mehrere Drachen am Himmel tanzen, suchen Sie sich den aus, der Ihnen am besten gefällt und verfolgen Sie genau seine Bewegungen. Mit etwas Glück werden Sie schnell eins mit dem Drachen und fühlen den sensationellen Tanz mit dem Wind in Ihren eigenen Knochen.

In den Himmel starren

Noch so eine herrliche Beschäftigung ist das Betrachten des Himmels. Das können Sie tagsüber tun, beispielsweise, wenn die Sonne gerade aufgeht, aber auch bei Sonnenuntergang und in einer sternenklaren Nacht gibt es Phantastisches am Himmel zu sehen. Nehmen Sie sich Zeit dafür. Legen Sie sich auf den Rücken und schauen Sie einfach nach oben. Vielleicht zählen Sie erst einmal die Wolken, werden aber bald völlig aufgehen in dem schönen Schauspiel, was sich dort oben abspielt.

Vielleicht werden Sie recht schnell sogar eins mit den Wolken und ziehen mit Ihnen übers Land. Sie sind ein Teil von Ihnen. Früher als Kind habe ich das häufig völlig unbewußt getan und fühlte mich anschließend herrlich entspannt. Das Denken hört auf, es ist nur noch Sein...

Wandern an der frischen Luft

Machen Sie einen strammen Spaziergang oder eine Bergwanderung in einem Wald oder einer gebirgigen Gegend. Planen Sie am besten ein ganzes Wochenende dafür ein.

Lesen

Vielleicht treiben Sie ja lieber Sport und schaffen es nur schlecht, sich einfach nur ruhig hinzusetzen und sich auf ein Buch zu konzentrieren, ohne gleich zappelig zu werden. Doch Lesen kann auch das reinste Verwöhnprogramm sein. Suchen Sie sich ein Buch aus, dessen Thematik Sie wirklich interessiert. Dann ist es leichter, sich darauf zu konzentrieren. Nehmen Sie sich bewußt einen Nachmittag Zeit, sich das Richtige in der Bibliothek oder in der Buchhandlung auszuwählen.

Den ultimativen Lesegenuß haben Sie, wenn Sie eine Ihnen bequeme Haltung in einem gemütlichen Sessel, auf dem Sofa oder im Bett einnehmen, vielleicht eine Tasse Tee in Reichweite. wenn es dann noch draußen in Strömen regnet und im Kaminofen ein wärmendes Feuer brennt, dann können Sie es sich unter einer warmen Decke so richtig gemütlich machen. Ihr Hund oder Ihre Katze werden es lieben und sich flugs auf Ihrem Schoß oder zu Ihren Füßen ebenso behaglich räkeln. Vielleicht entzünden Sie noch eine schöne Kerze. Es geht nichts über flackerndes Licht auf den Buchseiten...

Und wenn die Sonne scheint? Eine Hängematte im Garten, ein leckerer Vitamindrink und ein Sonnenhut verschaffen das gleiche Glücksgefühl. Dafür müssen Sie nicht in Urlaub fahren. Gönnen Sie sich einfach solche Urlaubsmomente zu Hause!

Aura-Übung 1

Oft wissen Sie schon unbewußt, wie es Freundin oder Freund geht, wenn Sie zu Besuch kommen und zur Tür hereintreten. Sie fühlen, sehen und hören zugleich und noch bevor überhaupt ein Wort gewechselt ist, ahnen Sie schon, worum es geht. Nehmen Sie sich die Zeit und lassen Sie die ersten Eindrücke auf sich wirken. Erzählen Sie ihrem Besuch, wie Sie ihn so erleben. Tun Sie das vorzugsweise mit geschlossenen Augen und ergreifen Sie eventuell dabei ihr/seine Hand, denn so können Sie die Energie besser spüren. Merken Sie sich, welche Farbeindrücke in Ihnen aufsteigen. Ob Sie dabei Farben überhaupt wahrnehmen, ist eine Sache der Übung.

Aura-Übung 2: Sich selbst sehen

Betrachten Sie Ihr Zimmer genau und konzentrieren Sie sich auf eine Ecke. Sehen Sie genau dorthin. Schließen Sie dann die Augen. Atmen Sie langsam und konzentriert durch die Nase ein und durch den Mund wieder aus. Machen Sie dies einige Minuten lang. Stellen Sie sich vor, wie Sie in diese Ecke laufen. Wenn Sie dort angekommen sind, drehen Sie sich um und betrachten Ihren eigenen Körper, der noch an der alten Stelle steht. Die erste Farben, die in Ihnen aufsteigen haben eine Verbindung zu Ihnen und sagen etwas über Sie aus. Versuchen Sie sich diese Farben zu merken. Öffnen Sie nun die Augen wieder.

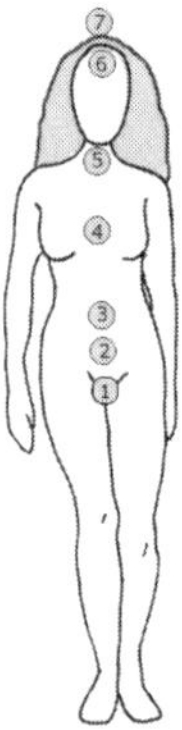

Luftchakra

Herzchakra (4)
Sanskrit: anahata
Farbe: grün

Es gibt sieben Chakren. Das Herzchakra gilt als das Luftchakra. Es steht mit allen Organen in Verbindung, auch mit der Lunge, durch die wir unsere Lebensenergie empfangen.

Wenn dieses Chakra voll funktioniert, dann fühlen Sie sich in völligem Einklang mit Ihrer Umgebung. Sie haben Selbstvertrauen, sind voller Liebe und nehmen das Leben, so wie es ist. Ist dieses Chakra blockiert, suchen Sie immer wieder nach Bestätigung und nach Wertschätzung durch andere. Sie können dann überhaupt nicht mit Kritik umgehen und nehmen alles sehr persönlich. Es scheint Ihnen unmöglich, zu lieben und das macht Sie unberechenbar. Sie sind sehr verletzlich und ziehen sich schnell in Ihr Schneckenhaus zurück. Sie sind ein verschlossener Mensch, der aus Angst, verletzt zu werden, nur wenige an sich heran läßt.

Übung

Heilend wirkt das Mantra YAM. Visualisieren Sie ein helles grünes Licht und richten dies auf Ihr Herzchakra.

LUFTDIVINATION

Die Kunst der Zukunftsvorhersage wird im Buch über das Element Erde ausführlich besprochen. Jedes Element hat allerdings seine eigenen spezifischen Wahrsageaspekte. Für das Element Luft kommen hier vor allem das Wolkenlesen und das Tarot in Betracht. Auch die Bahn von Sternschnuppen und anderen merkwürdigen Erscheinungen am Himmel sind attraktive Möglichkeiten der Luftdivination.

Tarot und das Element Luft

Im Tarot[3] stehen die Schwerter der Kleinen Arkana für Luft-Themen wie Kommunikation, Reisen, Entscheidungen treffen, Geschäfte und Probleme, die gut überdacht werden müssen.

Legen Sie die Karten doch einmal nach folgender Elemente-Methode:

Luft – Schwerter
Feuer – Stäbe
Wasser – Kelche
Erde – Münzen / Pentakel

Feuer (Stäbe) und Wasser (Kelche) schwächen einander ab.
Erde (Münzen / Pentakel) und Luft (Schwerter) schwächen einander ab.

Alle übrigen Kombinationen verstärken sich gegenseitig.
Feuer und Luft sind die aktiven Elemente, Wasser und Erde sind die passiven Elemente.

	Feuer (aktiv)	Wasser (passiv)	Luft (aktiv)	Erde (passiv)
Feuer (aktiv)	verstärkend	abschwächend	verstärkend	neutral
Wasser (passiv)	abschwächend	verstärkend	neutral	verstärkend
Luft (aktiv)	verstärkend	neutral	verstärkend	abschwächend
Erde (passiv)	neutral	verstärkend	abschwächend	verstärkend

Im Buch über das Element *Erde* finden Sie ein Beispiel für eine Drei-Karten-Legung nach der Elemente-Methode.

Schwerter As

Ordnen und verstehen, analysieren, erforschen und etwas durchdringen. Innerhalb kurzer Zeit fällt ein Entschluß, dem ausgiebige Denkarbeit voran ging. Infolge dessen wird sich vieles ändern.
Schlüsselworte: Entschluß, Impuls, Einsicht, Beginn, Erfolg, Sieg, Veränderung.

Schwerter 2

Das Abwägen verschiedener Belange, ohne eine Entscheidung zu treffen. Hier geht es um eine emotionale Blockade infolge rein rationaler Herangehensweise.
Schlüsselworte: Unsicherheit, Rückzug, Selbstschutz, Selbstbetrachtung, Selbstzweifel, Trostlosigkeit.

Schwerter 3

Trennung, (Liebes-)Kummer, emotionale Schwierigkeiten, die wie ein Messer durchs Herz schneiden. Verletzte Gefühle, ein mühsamer Entschluß, dem eine Trennung folgt.
Schlüsselworte: Zurückweisung, tiefer Kummer, Trennung, Abschied, schmerzvolle Entschlüsse, Einsicht, Enttäuschung.

Schwerter 4

Absonderung von der Außenwelt, um in aller Stille und Ruhe über sich selbst nachzudenken. So können Probleme zielgerichtet überdacht werden. Eine Zeit des Regenerieren. Deutet manchmal auf eine (psychische) Krankheit hin.
Schlüsselworte: Ruhe, Meditation, Begräbnis, Aufmerksamkeit, Erschöpfung, sich aufladen, Regenerieren, rigide Denkmuster, Sackgasse.

Schwerter 5

Eskalierter Konflikt, in dem die Beleidigungen kein Ende nehmen. Es geht nicht ohne Hauen und Stechen ab, ehe ein Kontrahent sein Unrecht einräumt. Möglicherweise hat jemand, dem Sie vertrauten, Sie hintergangen. Es fühlt sich an, als ob dieser jemand Ihnen ein Messer ins Herz gebohrt hätte, doch Sie lassen sich davon nicht aus der Bahn werfen und sinnen auf Rache.
Schlüsselworte: Einsamkeit, Verlust, Beleidigung, Krise, Niederlage, verbissener Kampf, Wut.

Schwerter 6

Situationen hinter sich lassen. Sie haben Ihre Lektion gelernt und dadurch nötiges Rüstzeug erworben. Deutet manchmal auf das Genesen von einer Krankheit.

Schlüsselworte: Umzug, Neubeginn, Veränderung, Loslassen, Hilfe.

Schwerter 7

Diebstahl, Lug und Betrug, unehrliches Verhalten. Jemand klaut Ihnen womöglich Ihre Ideen. Achten Sie also darauf, wem Sie von Ihren Plänen erzählen.

Schlüsselworte: listiges und heimtückisches Verhalten, Raffinesse, Unaufrichtigkeit, Betrug, Diebstahl, Lügen, falsches Spiel, Täuschung.

Schwerter 8

Sie haben den Boden unter den Füßen verloren, sehen keinen Ausweg mehr und sehen sich umstellt von vielfältigen (eingebildeten) Hindernissen. Sie fühlen sich gefangen und gefesselt und sehen keine Zukunft. Opferverhalten.

Schlüsselworte: Gefangenschaft, Beschränkungen, Ohnmacht, Aussichtslosigkeit, Introvertiertheit, Erniedrigung, Blockaden.

Schwerter 9

Kummer, schlaflose Nächte, Gedanken, die unaufhörlich durch Ihren Kopf geistern. Infolge dessen sind Sie womöglich depressiv. In jedem Fall eine schwierige Phase.

Schlüsselworte: Einsamkeit, Kummer, Grübelei, Sorgen, Gewissensbisse, Konflikte, Ängste, Reue, Schuldgefühle.

Schwerter 10

Eine festgefahren Situation, die Sie zwingt, aufzugeben und einen neuen Anlauf zu machen. Oder Sie geben es ganz auf. Eine sehr schwere Entscheidung.

Schlüsselworte: Sackgasse, Blockade, Feindseligkeit, Zerstörung, Einsamkeit, das Ende.

Schwerter Page

Neue Situationen tun sich plötzlich auf, aber allzu schnelle Handlungen können neue Unternehmungen kaputt machen. Manchmal ist es aber nötig, schnell und impulsiv zu handeln, weil dies festgefahrene Denkmuster durchbricht.

Schlüsselworte: Klarheit, Entschluß, am Kern der Sache vorbei gehen, Widerspruch, Kritik, harte Worte, Kühle.

Schwerter Ritter

Zorn, auflodernde Konflikte, die mit viel Leidenschaft und wortreich verkündet werden. Angriff ist die beste Verteidigung. Provokantes Verhalten führt zu Verwirrung.
Schlüsselworte: Streitlust, Trennung, Aggression, Zorn, Krieg, Widerspruch, Konfrontationen.

Schwerter Königin

Analytisch und entscheidungsfreudig. Eine Frau, die sachlich und kühl das Heft in die Hand nimmt. Sie ist ehrlich, kritisch und nötigt wegen Ihrer Einsichten und strategischen Fähigkeiten Respekt ab. Kann deswegen aber auch etwas gefühllos und geschäftlich erscheinen.
Schlüsselworte: Unabhängigkeit, analytisches Denken, Einsicht, Entschlüsse, knallharte Geschäftsfrau, Kühle, Distanz.

Schwerter König

Unabhängige, sachliche und intellektuelle Person, die in der Lage ist, die richtigen Entscheidungen zu fällen. Sie ist diplomatisch und hat hervorragende kommunikative Fähigkeiten. Manchmal deutet diese Karte auf eine Arzt, Anwalt oder Makler hin.
Schlüsselworte: intellektuell, kritisch, analytisch, Psychologe, Arzt, Stratege, gewitzte Person.

Wolkenlesen – Aeromantik

Sie können eine Menge erfahren, wenn Sie die Formen der Wolken, den Stand der Sterne oder andere merkwürdige Erscheinungen am Himmel betrachten. Besonders gerne tun dies Seeleute und Bauern. Es liegt an Ihrer Sensibilität und Einsicht, in wieweit Sie Muster erkennen, aus denen Sie wahrsagen können.

Weitere Divinationsformen

Austromantie – Wer die Windrichtung genau studiert, kann daraus ablesen, was in naher Zukunft geschehen wird.

Ceraunoskopie – Wahrsagen anhand von Donner und Blitz.
Meteoromantie – Divination mittels des Deutens von Sternschnuppen.
Ornithoskopie/Ornithomantie – Wahrsagen aus der Flugbahn und dem Verhalten von Vögeln.

LUFTMAGIE UND LUFTRITUALE

Bei Luftmagie denken Sie an alles, was mit dem Werfen von Gegenständen in die Luft zu tun hat, das Aufhängen bestimmter Sachen an hohe Orte (im Treppenhaus oder an einen Tür- bzw. Fensterrahmen), an geschrieben oder gesprochene Sprüche, an rationale, intuitive und psychische Arbeit. Mentale Kräfte oder Fähigkeiten durch Visualisieren zu erhöhen, altes Wissen und alte Weisheiten zu entdecken, psychische Fertigkeiten zu trainieren und Ihre Göttin bzw. Ihren Gott anrufen gehört ebenfalls zur Luftmagie.
Schlüsselworte: Divination, Konzentration, Visualisierung, Windmagie, Wahrsagen, Karma, Geschwindigkeit, Wolken, Luft, Klarheit, Blumen, Geruch, Farben, Poesie, das Ausdenken und Beschreiben von Ritualen.
Eine spezielle Magieform kann Bestandteil eines mehrgliedrigen Rituals sein. In einem Ritual folgen verschiedene Teile aufeinander. Beispielsweise ziehen Sie zunächst einen Bannkreis , dann Visualisieren Sie etwas und lassen eine Magieform (Musikmagie, Knotenmagie o.ä.) folgen, je nachdem, welches Ziel Sie mit dem Ritual verfolgen. Ein Zauberspruch ist wiederum Teil der Magieform. Ein Ritual kann auch aus nur einem einzigen Element bestehen, ist aber immer an ein wichtiges Geschehen gekoppelt. Sie vollziehen ein Ritual oder Magie nicht einfach nur so zum Spaß. Sie müssen dafür ein klares Ziel vor Augen haben.

Wettermagie

Das Beeinflussen von Wind, Wolken und anderen Wetterelementen bzw. die Anwendung bestimmter Sprüche und Rituale. Das kann sicher helfend, doch versuchen Sie nicht, einen Orkan zu stoppen, das kann nur schief gehen. Die verschiedenen Winde haben jeweils Ihre eigenen Kräfte, die Sie aber in Ihre Rituale integrieren können.

Vogelmagie

Das Arbeiten mit Federn, die die Kraft eines bestimmten Vogels symbolisieren. Sie können etwa aus verschiedenen Federn ein Mobile basteln, wobei jede Feder die spezielle Kraft des Vogels symbolisiert, von dem sie stammt.

Didgeridooheilung

Durch die Schwingungen der Didgeridoo-Töne können Sie Heilungsprozesse beschleunigen.

Klangschalenmagie

Derselbe Effekt wie beim Didgeridoo, nur mit Klangschalen ausgelöst. Klangschalen gehören übrigens auch zum Element Wasser.

Blumenmagie

Magie mit der besonderen Kraft der Blumen. Hierfür sammeln Sie Blumen in der freien Natur und lassen sich dann an einem schönen Fleckchen nieder. Breiten Sie die Blumen um sich herum aus, behalten Sie aber noch genügend Blumen zurück, um einen Kranz daraus zu binden. Denken Sie bei jeder Blüte an das Ziel, welches Sie vor Augen haben und die jeweiligen Kräfte der Blume. Meditieren Sie über den Duft der Blüten und darüber, welche Gefühle er in Ihnen wachruft.

Musikmagie

Für Musikmagie beim Element Luft spielen Sie auf Querflöten, Blockflöten und andere Blasinstrumenten, aber auch auf Klangschalen.

Die Elemente im Ritual

Wächter anrufen

Wächter des Ostens
Kräfte der Luft
Energie der Lebenskraft
Seid willkommen in unserer Mitte.

Wächter des Südens
Kräfte des Feuers
Energie des Willens
Seid willkommen in unserer Mitte.

Wächter des Westens
Kräfte von das Wasser
Energie von Spirituelle Kraft
Seid willkommen in unserer Mitte.

Wächter des Nordens
Kräfte der Erde
Energie der Naturgewalten
Seid willkommen in unserer Mitte.

Wächter entlassen
Wächter des Nordens
Kräfte der Erde
Energie der Naturgewalten
Wir danken für Eure Anwesenheit.

Wächter des Westens
Kräfte von das Wasser
Energie von Spirituelle Kraft
Wir danken für Eure Anwesenheit.

Wächter des Südens
Kräfte des Feuers
Energie des Willens
Wir danken für Eure Anwesenheit.

Wächter des Ostens
Kräfte der Luft
Energie der Lebenskraft
Wir danken für Eure Anwesenheit.

Schamanische Methode

Um die Wächter der vier Windrichtungen einzuladen, laufen Sie trommelnd viermal im Kreis herum, wobei Sie bei jeder Himmelsrichtung stehen bleiben.

Luftritual – Kontakt herstellen mit den Geistern Verstorbener

In unseren Träumen werden wir häufig von Menschen besucht, mit denen wir zu ihren Lebzeiten eng verbunden waren. Es fällt den Verstorbenen, die nun zu einer anderen Schwingungsebene gehören, leichter, mit uns in Kontakt zu treten, wenn wir selbst uns auch auf dieser Ebene befinden. Die meisten von uns erleben dies nur im Traum. Dort empfangen wir Zeichen, die von besonderer Bedeutung für uns sind. Die beste Weise, sich diese Träume zum merken, ist ein Traumtagebuch.

Legen Sie ein spezielles Heft an, in dem Sie Notizen über solche Traumbesuche einer bestimmten Person festhalten. Schlagen Sie das Heft mit einen Umschlag in ihrer oder seiner Lieblingsfarbe (s. S. 140) ein und kleben Sie ein Foto von der Person hinein. In dieses Heft schreiben, malen oder zeichnen Sie nach Herzenslust hinein, was Sie über diese Person träumen, aber auch alles, was Ihnen sonst dazu einfällt. Sie können auch Gedichte oder Erinnerungen notieren oder weitere Fotos einkleben.

Träume deuten zu lernen ist meines Erachtens für jeden lernbar. Es geht dabei einfach um das Verstehen der Symbolik. Im Buch über das Element Wasser, aber auch in meinem Buch Das magische Buch vom Mond habe ich einiges über Träume geschrieben. Es gibt darüber hinaus eine Vielzahl spezieller Bücher über die Funktion und Deutung von Träumen, die Ihnen bei der Entschlüsselung der Traumsymbole helfen. Schreiben Sie sich die jeweils für Sie aktuellen Traumsymbole heraus. Auf diese Weise lernen Sie, die Symbolstrukturen zu verstehen.
In Ihrem Traumtagebuch halten Sie Ihre Träume und die dazugehörige Deutung fest. Machen Sie ruhig Zeichnungen oder ähnliches dazu, um bestimmte Aspekte genau heraus zu arbeiten. Zünden Sie eine besondere Kerze an, die mit der Traum-Person zu tun hat, wenn Sie darüber etwas in Ihr Traumtagebuch schreiben. Mischen Sie ein spezielles Öl zum Salben dieser

Kerze an (s. ab S. 123) und verbrennen Sie eine selbstgemachte Weihrauchmischung auf etwas glühender Holzkohle. Stellen Sie einen schönen Blumenstrauß auf Ihren Schreibtisch und schalten Sie schöne Musik dazu ein. Kurz, stimmen Sie sich positiv auf das Schreiben ein. Um Ruhe zu finden, sollten Sie vorher meditieren. Es ist sehr wahrscheinlich, daß Sie durch Ihre Träume bestimmte Botschaften erhalten, die Sie besser verstehen und erkennen können, wenn Sie ruhig und entspannt sind.

Das Salben einer Kerze

Selbst gemachtes Öl zum Kerzensalben

Mischen Sie 20-25 Tropfen ätherische Öle mit 100 ml Mandelöl. Ein Übersicht der verschiedenen Öle und der zugehörigen Magieform finden Sie im Anhang unter den Korrespondenzen. Mit diesem Öl salben Sie Ihre Kerze. Dadurch laden Sie die Kerze mit Ihrer Energie auf.

- Um Sachen anzuziehen (wirkt am besten bei zunehmendem Mond): Verteilen Sie etwas Öl auf die Handflächen und reiben Sie von der Mitte der Kerze nach oben zur Spitze. Tun Sie dies genau dreimal.
- Um Dinge los zu werden (wirkt am besten bei abnehmendem Mond): Verteilen Sie etwas Öl auf den Handflächen und reiben Sie von der Mitte der Kerze nach unten. Auch dies tun Sie genau dreimal.

Die Kerze ist nun gebrauchsfertig. Zünden Sie die Kerze zu dem Zweck an, den Sie im Blick haben. Wenn die Kerze lange genug gebrannt hat, löschen Sie die Flamme mit einem Kerzenlöscher. Niemals ausblasen, denn dann blasen Sie die Energie weg. Mehr über Kerzenmagie finden Sie im Buch über das Element Feuer.

Wolkenvisualisierung

Setzen Sie sich auf die Erde und schließen Sie die Augen. Stellen Sie sich vor, daß Sie nackt auf einem Berg sitzen und nichts als die Luft Sie umgibt. Die Wolken über Ihnen verschmelzen langsam zu einem dunstigen Ring, der langsam herab sinkt und Sie völlig umhüllt. Sie sind nun mitten in dieser Wolke und werden eins mit ihr. Sie sind selbst ganz transparent. Es gibt kein Vorn, kein Hinten, kein Oben und kein Unten. Die Wolke schwebt mitsamt Ihnen davon. Sie sehen nichts als Weiß, dunstiges Weiß und das macht Sie ganz friedvoll. Sie fühlen sich so luftig wie Wolken rings um Sie herum. Sie fühlen sich eins mit der Luft. Sie sind Luft.

Langsam treiben Sie mit den Wolken davon. Sie gleiten wie ein Vogel auf dem Wind durch die Luft. Sanft wiegen Sie sich in den luftigen Wogen. Sie sehen in Gedanken den Vogel und bewundern seine schönen Federn, die sanft vom Wind umkost werden. Sie sehen den Vogel das Spiel des Windes genießen und fühlen, wie er fühlt. Der Vogel ist Ihr Spiegelbild, nur in einer anderen Lebensform. Auch er sieht Sie die gleitenden Bewegungen im Wind genießen. Seine Augen suchen die Ihren. Und er scheint, als ob er Ihnen zuzwinkert. Dann dreht er ab und verschwindet langsam aus Ihrem Blickfeld.

Langsam sinken Sie mit der Wolke nach unten. Ganz sanft landen Sie wieder auf dem Berg. Der Wolkenkranz wie dünner. Die blaue Luft wird deutlicher und deutlicher. Die letzten Wolkenreste verschwinden und Sie schauen in die klare blaue Luft um sich herum. In der Ferne fliegt ein Vogel. Er fliegt zwar weg von Ihnen, doch fühlen Sie sich geistig mit ihm verbunden. Das macht Sie glücklich, ruhig und friedvoll. Langsam steigen Sie den Berg hinab. Öffnen Sie die Augen. Sie sind nun wieder auf der Erde angelangt.

Schutzritual für die Herstellung eines Amuletts

Sammeln Sie ein paar schöne Vogelfedern. Er ist gleichgültig wie viel, es können ebenso gut drei, sieben oder zwei sein. Nehmen Sie die gleiche Anzahl Haare von sich selbst und winden diese um die Federn. Binden Sie eine Schnur mit einer Schlaufe daran um die Federn, so daß Sie das Bündel irgendwo aufhängen können. Visualisieren Sie dabei, daß der Wind in Ihren Haaren spielt, sie ergreift und herumwirbelt. Ihre Haare tanzen im Wind wie die Federn eines Vogels im Flug. Federn und Haare verschmelzen in der Luft. Hängen Sie das Federbüschel zum Schutz über Ihre Schlafzimmertür. So werden Sie in Ihren Träumen nicht mehr von Plagegeistern und negativen Energien belästigt.

Eine Rune für sicheres Reisen

Fertigen Sie ein Amulett wie folgt: Formen Sie aus Ton einen flachen, ovalen oder viereckigen Stein. Kerben Sie das Runenzeichen Raido hinein. Währenddessen sagen Sie folgenden Spruch:

Kräfte der Luft, geht mit auf die Reise
Begleitet (Name) auf schützende Weise.
Zusammen mit Raido im Amulett
Bitt' ich um Schutz in diesem Gebet.

Luftsprüche

Zaubersprüche können Sie so kurz oder so lang formulieren, wie Sie möchten. Es liegt nicht an der Länge der Verse, ob der Spruch wirkt oder nicht, wohl aber an der Kraft der verwendeten Worte. Am kraftvollsten sind die Sprüche, wenn Sie sie selbst ausdenken!
Kurze Sprüche wiederholen Sie während des Rituals oder der magischen Anwendung immer dreimal. Diese Luftsprüche passen zu allem, was mit dem Element Luft zu tun hat. Hier einige Beispiele zur Anregung:

Spruch zur rituellen Reinigung des Hauses / der Wohnung

Sie brauchen dazu: Weihrauch mit Kräutern (s. Rezepte S. 124), eine Feder, um den Weihrauch zu verteilen.

Kräfte der Luft und der Winde
Verjagt meine Ängste geschwinde.
Durch mich, durch Rauch, durch Kräuter und Feder
soll Schlechtes nie kehren wieder.

Gesundheitswunsch

Schreiben Sie Ihren Wunsch auf ein Stück Papier. Entzünden Sie Weihrauch und eine Kerze. Entflammen Sie das Papier an der Kerze und legen Sie es auf den Weihrauch. Zusammen mit dem Rauch steigt der Wunsch nach oben. Sprechen Sie derweil beispielsweise folgenden Spruch:

Luft und Rauch, dies will ich mir wünschen,
überbringt es nun dem richtigen Menschen.
Bringt Kraft ihm, Gesundheit und Frieden,
so wie ich's auf dieses Papier hab geschrieben.

Ritual für gemeinsame geistige Verbindung

Dieses Ritual dient dazu, mit mehreren Menschen gemeinsam eine geistige Reise zu unternehmen. Zuvor sprechen Sie den Ort des Reisebeginns ab und beschreiben, wie diese Startpunkt aussieht. Hinterher erzählen Sie sich gegenseitig, wie jeder die Reise empfunden hat, was er gesehen und gefühlt hat. Beschreiben Sie dabei genau die Details wie Farben, Formen oder das Aussehen der Personen, die Ihnen unterwegs begegnet sind.

Setzen Sie sich Rücken an Rücken zueinander. Die Köpfe berühren einander, sie schließen während der Reise die Verbindung mit dem Element Luft. Folgenden Spruch wiederholen Sie dreimal:

Kräfte der Luft
Tragt uns davon auf Euren Winden
und laßt uns zusammen auf die Reise entschwinden.

Ritual bei Kopfschmerzen

Legen Sie ein paar Blätter von einer Fetten Henne (Sedum) in ein Tuch und zerdrücken Sie sie. Das Tuch mit den zerdrückten Pflanzenteilen binden Sie sich um den schmerzenden Kopf. Stellen Sie nun eine Schale mit Wasser und einem Nagel darin auf den Kopf. Sprechen Sie derweil:

Luft, herbei, komm zu mir,
durchwehe meinen Kopf, nimm die Schmerzen mit Dir.
Durchwirble mein Haupt und meinen Nacken,
und lass' die Schmerzen im Nichts bald versacken.

Bleiben Sie mit geschlossenen Augen eine Weile sitzen und konzentrieren sich dabei auf das Tuch, die Wasserschale und den Nagel. Nach ein paar Minuten sind die Kopfschmerzen weg.

Klarer Kopf 1

Luft überall, ganz groß und ganz klein,
mein Hirn fühlt sich an wie Wackergestein.
Luft, hauche ihm wieder Leben ein
mein sprudelndes Wissen soll Dank dafür sein.

Klarer Kopf 2

Kraftvolle Luft, ich ruf Dich herbei,
glasklare Luft, du beste Arznei,
Befrei meinen Kopf ganz elementar,
Und mache mein Hirn verständig und klar.

Kommunikation

Luft, verschaffe mir viel Konzentration
die brauche ich dringend zur Kommunikation

Lernschwierigkeiten

Luft, ich bitte dich um Rat,
ich brauche mehr Einsicht und bald ein Resultat.
Hilf mir bei meinem Lernproblem,
entferne die Wolken in meinem Denksystem.

Inspiration

Kräfte der Lüfte und wehenden Winde,
helft mir so daß ich Ideen hab geschwinde.

RITUELLE ARBEIT

Luft-Altar

Um die Luft zu ehren, errichten Sie einen speziell diesem Element gewidmeten Altar. Dekorieren Sie ihn Dingen, die Sie in der Natur finden: Federn, Holz und Steine, die mit dem Element Luft korrespondieren. Auch Blumen, eventuell getrocknete, passen dazu.
Stellen Sie in die Mitte des Altars eine gelbe, violette oder hellblaue Kerze. Zünden Sie diese an, wenn Sie sich mit Themen wie Kommunikation, Konzentration, Reisen oder Studieren befassen.

Kranichbeutelchen

Das Kranichbeutelchen ist ein typischer Druidengegenstand, der während einer astralen Reise verwendet wird (s. S. 57). Da hinein füllen Sie Gegenstände, die Sie bei der Reise brauchen könnten. Die nordamerikanischen Indianer haben solche Beutel als Medizinbeutel auf ihre Trancereisen mitgenommen. Er beinhaltet Dinge, die Sie wirklich brauchen, vorzugsweise Symbole aller vier Elemente, jeweils in sehr kleinem Format. In jedem Fall gehören Teile aus der Pflanzen-, Tier- und Mineralienwelt hinein.
Beispiele: getrocknete Früchte, loser Tee, in etwas Papier eingewickelt, Rosenknospen, bestimmte Kräuter, ein kleines Arzneifläschchen (5 ml) voll Wasser oder Wein, eine Feder, ein kleines Messerchen, Nüsse, Vogelfutter, ein Mini-Geburtstagskerze, Streichhölzer, Weihrauch, ein kleines Steinchen usw.
Der Inhalt hängt vom Ziel und der Art der Reise ab. Wenn das Ziel die Heilung einer Person ist, dann packen Sie natürlich Dinge in den Beutel, die damit zu tun haben.

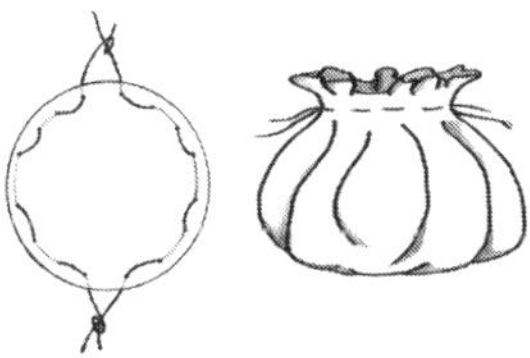

Anfertigung eines Kranichbeutels: Nehmen Sie ein Stück Leder oder Wildleder von ungefähr 30 cm Durchmesser und zwei Lederbänder. Schneiden Sie einen Kreis heraus und nähen Sie rundherum einen Hohlsaum, durch den Sie die Lederbänder ziehen. Packen Sie die gewünschten Gegenstände in den Beutel und ziehen Sie das Band zu. Tragen Sie den Beutel an einem Halsband oder am Gürtel.

Talking stick

Der *talking stick*, der von den nordamerikanischen Indianern verwendet wird, ist ein effektives Hilfsmittel bei Gruppendiskussionen. Nur wer diesen Stock in Händen hält, darf sprechen. Das verhindert, daß jemand pausenlos spricht, aber auch, das der Sprechende immer wieder unterbrochen wird. Eine moderne Variante ist ein talking stick, der mit Federn, Krallen und sonstigen Gegenständen geschmückt ist, die Sie schön finden. Obenauf können Sie einen Hexenkopf aus Filz kleben.

Gehen Sie spazieren und suchen Sie dabei einen Ast, der Ihnen zusagt. Nehmen Sie vorzugsweise einen frisch abgebrochenen Ast. Der Ast wird entrindet, glatt geschmirgelt und mit Symbolen Ihrer Wahl verziert. Während Sie daran arbeiten, lassen Sie all Ihre guten Gedanken hinein strömen. Sie können den Stab auch mit etwas Schaumgummi bekleben, um daß Sie Wildleder wickeln, welches Sie mit Lederbändern festbinden. Verzieren Sie den Stab ganz nach Ihrem Geschmack.

Es gibt verschiedene Methoden, einen talking stick einzusetzen. Nutzen Sie ihn beispielsweise bei einer Aussprache über ein Thema, was Sie schon eine Weile beschäftigt, worüber Sie aber nur schwer in der Lage sind zu reden. Wählen Sie einen der Zuhörer aus, erklären Sie ihm kurz Ihre Gedanken und halten ihm dann den talking stick hin. Er greift den Stab auf der anderen Seite an und beide halten Sie nun den talking stick fest. Der Zuhörer wiederholt das von Ihnen Gesagte als Bestätigung und gibt den Stock an Sie zurück, woraufhin Sie mit Ihre Auslegungen fortsetzen. Der Zuhörer gibt weder seine eigene Meinung noch sonst irgendeinen Kommentar ab, sondern wiederholt immer wieder nur Ihre Worte, so lange, bis Sie fertig sind.

Danach wechselt der Stock zum Zuhörer, der nun auf Ihre Aussagen reagieren kann und der Vorgang wiederholt sich in umgekehrter Richtung. Sie hören zu, wiederholen das Gehörte und hören wieder zu. Auf diese Weise werden die Aussagen in Segmente aufgegliedert und Sie können Schritt für Schritt erläutern, was Ihnen auf der Seele liegt und was Sie fühlen. Durch das gegenseitige Wiederholen wird sichergestellt, daß der jeweilige Zuhörer das Gesagte auch so verstanden hat, wie Sie es meinten.

Sehr hilfreich ist der talking stick auch bei Familiengesprächen. Gerade da geschieht es häufig, daß sich die Familienmitglieder nicht ausreden lassen und einander ins Wort fallen. Und urplötzlich läuft das Gespräch aus dem Ruder, die Emotionen schlagen hoch und der schönste Streit ist da. Mit dem talking stick erhält das Gespräch eine Struktur. Nur wer in hat, darf reden und ausreden. Erst wenn der Stock weitergereicht wird, kann der folgende Stockbesitzer auf das Gesagte reagieren.

Besonderes Papier für Sprüche (marmoriertes Papier)

Tapetenkleister –Acrylfarbe in verschiedenen Tönen – 2 große Plastikschüsseln, vorzugsweise flach und breit – einige kleine Schälchen – Pinsel – Papierbögen – verschiedene Gegenstände, um Muster damit zu erzeugen: eine Feder, ein Seil, eine Zahnbürste und ein Kamm

Fülle Sie in eine große Schüssel mit angerührtem Tapetenkleister. Die zweite Schüssel füllen Sie mit kaltem Wasser. In den kleinen Schälchen verdünnen Sie die Farbe so, daß sie leicht von der Zahnbürste tropft. Geben Sie dann soviel von verschiedenen Farbe auf den Kleister, bis dieser fast ganz mit Farbe bedeckt ist. Nun machen Sie mit Hilfe von Feder, Kamm etc. Muster hinein. Greifen Sie einen Bogen Papier mit den Fingerspitzen an den Ecken und legen Sie ihn vorsichtig auf den gefärbten Kleister. Es sollen dabei keine Luftblasen entstehen. Das Papier soll obenauf liegen, aber nicht einsinken. Dann nehmen Sie den Bogen direkt wieder ab. Lassen Sie über einer anderen Schüssel überschüssige Farbe bzw. Kleister abtropfen und ziehen Sie den Bogen kurz durch das klare Wasser in der anderen Schüssel. Das spült Kleisterreste weg. Dann direkt zum Trocknen auf einer glatten Unterlage ausbreiten. Wenn das Papier fertig ist, können Sie es nutzen, um Sprüche darauf zu notieren. Rollen Sie den beschriebenen Bogen auf oder falten Sie eine Figur daraus. Verbrennen Sie ihn dann zusammen mit Kräutern, Blumen, Samen oder was der Spruch sonst verlangt in Ihrem Kessel. Die Asche übergeben Sie dem Wind.

Lavendeltinte

Mit dieser herrlich duftenden Tinte wird das Schreiben noch mehr zum Vergnügen. Sie eignet sich besonders für spezielle Sprüche oder für Notizen in Ihrem Buch der Schatten.

etwas Wodka – Glasbehälter mit Deckel – eine Handvoll Lavendelblüten – Farbpulver – Glycerin

Geben Sie die Lavendelblüten in den Wodka und lassen Sie das Ganze gut zwei Wochen in einem verschlossenen Schraubglas ziehen. Sieben Sie dann die Mischung ab und geben Sie soviel Farbpulver hinzu, bis die von Ihnen gewünschte Farbintensität erreicht ist. Nun mischen Sie noch etwas Glycerin (gibt es in der Drogerie) hinzu. Das verdickt die Flüssigkeit, so daß man besser damit schreiben kann. Geben Sie soviel Glycerin hinzu, wie Sie meinen, achten Sie aber darauf, daß die Tinte nicht zu dickflüssig wird. Probieren Sie ein wenig herum.

Das Farbpulver können Sie auch durch ungiftige rote Beeren oder rote Früchte ersetzen (Kirschen, Brombeeren, Holunderbeeren etc.). Lassen Sie dann die Früchte gleich von Beginn an mit im Wodka ziehen.

Diese Tinte eignet sich nicht für handelsübliche Füllfederhalter, sehr gut aber für Schreibkiele aus Gänsefedern oder für Tuschfedern.

Gänsefedern zum Schreiben

Wenngleich seit jeher meist Gänsefedern zum Schreiben verwendet werden, können Sie auch Federn von einer Ente, einem Schwan oder Fasan nehmen. Tauchen Sie die Spitze des Federkiels zuerst einige Sekunden in kochendes Wasser, um sie weicher zu machen. Streifen Sie dann die untersten Federteile ab. Mit einem sehr scharfen Messer schneiden Sie nun die Spitze des Kiels schräg ab. Schlitzen Sie die entstandene Federspitze mit dem Messer wie bei einer Metallfeder etwas ein und modellieren Sie dann mit vorsichtigen Schnitten die Strichstärke heraus. Feilen Sie ggf. mit einer Nagelfeile nach.

Mit der fertigen Feder können Sie pro Tintentauchgang immer nur ein paar Buchstaben schreiben. Benutzten Sie die Feder vorzugsweise auf etwas rauherem, vielleicht selbst gemachtem Papier.

Buch der Schatten aus Holz

Die Maße für dieses BDS, im Englischen auch BOS, Book of shadows, genannt, betragen 27,5 x 20,5 cm. Der Vorzug dieses Modells ist, daß Sie die Seiten leicht ersetzen können.

Klavierband (Metallscharniere, erhältlich im Baumarkt) 27,5 cm Länge – 2 Holzlatten von 3 x 27,5 cm – 2 Sperrholzplatten 17,5 x 27,5 cm – 4 Messingschrauben

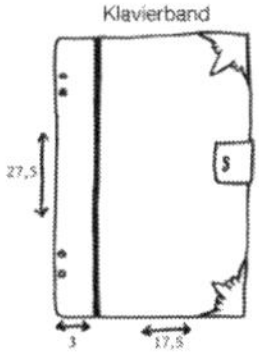

mit Muttern – Holzbohrer – Locher – A4-Papier – 8 Messingecken (nach Wunsch) – 1 Messingschloß (nach Wunsch) – Beize auf Wasserbasis – Pinsel
Schleifen Sie das Holz glatt. Bohren Sie die Löcher an den in der Zeichnung angegebenen Stellen. Dekorieren Sie eventuell das Holz mit Symbolen, die Sie einbrennen oder aufstempeln. Dann das Holz beizen und trocknen lassen. Die Einzelteile zusammensetzen, wie auf der Zeichnung gezeigt. Eine Holzlatte wird mit dem Kalvierband mit einer Sperrholzplatte verschraubt. Bauen Sie so die Ober- und die Unterseite. Dann nach Wunsch die Messingecken anbringen.
Das Papier lochen. 250 Blätter ergeben ein schönes dickes Buch. Wenn Sie wollen, können Sie es natürlich auch noch dicker machen. Mit Hilfe einer Papierschneidemaschine können Sie die Papierränder zu einem Daumenregister zurecht schneiden oder zur Unterscheidung der Themengruppen je andersfarbiges Papier verwenden. So finden Sie schnell alles wieder. Stecken Sie nun die Messingschrauben von unten durch den hinteren Buchdeckel in die vorgebohrten Löcher und legen Sie das gelochte Papier entsprechend in die Schrauben ein. Oberdeckel auflegen und mit den Muttern verschrauben. Befestigen Sie dann vielleicht noch ein oder mehrere Lesebändchen oder ein Lederband, an das Sie einen Bleistift binden – fertig.

Duftpapier

Papier – 5 Tropfen ätherisches Öl, z.B. Lavendel – Schuhkarton – Papiertaschentücher
Tropfen Sie das Öl auf die Papiertaschentücher und legen Sie diese in einen gut schließenden Schuhkarton. Legen Sie das Papier darauf und verschließen Sie den Karton. Am besten noch mit Tesaband verkleben. Nach einigen Tagen hat das Papier den Duft angenommen.

Sorgenpüppchen

Diese Püppchen werden für Menschen gemacht, die sich Sorgen machen. In Südamerika werden Sie Kindern gegeben. Sie erzählen den Püppchen Ihre Sorgen, ein Püppchen je Problem. Wenn sie dann schlafen gehen, legen sie das Püppchen unters Kopfkissen und am folgenden Tag sind die Sorgen verschwunden.

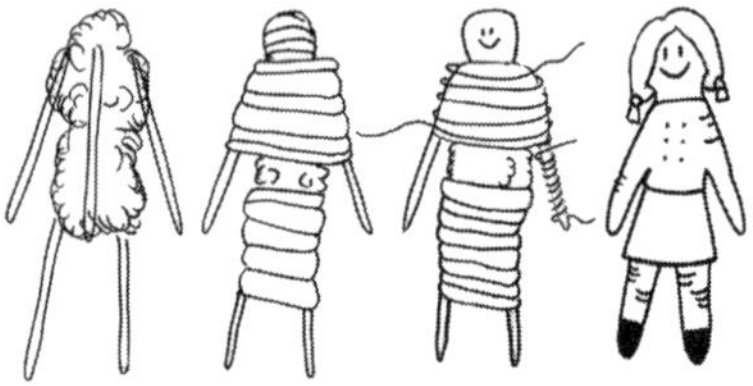

Zahnstocher – Seidenbänder oder Wolle in verschiedenen Farben – Bastelleim – Papierkügelchen – eventuell Watte – Kreppklebeband (Baumarkt, Malerbedarf)

Machen Sie Arme und Beine getrennt. Umwickeln Sie dazu jeweils einen Zahnstocher mit Wolle. Um die Puppen dicker zu machen, können Sie eine Schicht Watte oder Papier unterlegen. Kleben Sie die Arme und Beine mit Klebeband an einen entsprechend vorbereiteten fünften Zahnstocher und umwickeln Sie nun das Ganze mit Wolle, bis sich deutlich ein Körper entwickelt. Wickeln Sie so viel Wolle herum, daß von den Zahnstochern nichts mehr zu sehen ist. Mit etwas Leim kleben Sie die Enden fest. Eine Papierkugel bildet den Kopf. Umwickeln Sie auch den Kopf mit Wolle. Verzieren Sie die Püppchen ganz nach Geschmack. Sorgenpüppchen lassen sich gut in Heilungsritualen verwenden und allgemein in Ritualen zur Vertreibung von Sorgen. Sie können sie auch um den Hals oder am Gürtel tragen.

Smudgesticks (Räucherfackel)

Getrocknete Lavendelstengel – Salbeibüschel – getrocknete Süßgräser - Kräuterbüschel – Baumwollfaden

Nehmen Sie Kräuter, Lavendel etc. und wickeln Sie das Ganze mit dem Baumwollfaden zu einem fingerdicken Stäbchen. Schneiden Sie die Enden gleichmäßig ab. Zum Gebrauch zünden Sie den Smudgestick an einem Ende an und wedeln Sie ihn ein wenig durch die Luft, bis er zu rauchen beginnt. Er darf nicht brennen, nur glimmen! Nun können Sie rituelle Handlungen damit ausführen.

Flöten

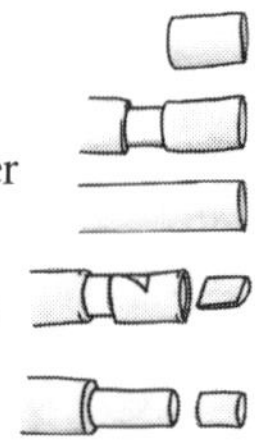

Nehmen Sie Holz von Weide, Esche, Flieder, Vogelbeere oder Holunder und schälen Sie die Rinde ab.

Schleifen Sie das Holz glatt und schnitzen Sie Flöten daraus, wie es die neben stehende Zeichnung zeigt.

NATURWESEN

Jedes Element hat seine eigenen Naturwesen, die in mythischen Erzählungen, in der Folklore und in Märchen auftauchen. Jede Region hat ihre speziellen Wesen, mit jeweils eigener Kleidung und eigenen Gebräuchen. Die Elementarwesen der Luft sind mit dem Osten, mit Luft, Blumen und Wind verbunden. Auch die Blumenelfen gehören besonders zum Element Luft, wenngleich sie mit allen vier Elemente verbunden sind.
Luft-Elementarwesen haben mit Kommunikation zu tun und wirken positiv, wenn es um Verbindungen geht. Naturwesen gibt es zwar überall auf der Welt, doch sind die skandinavischen und die altkeltischen Regionen besonders bekannt für ihre Elementarwesen. Hier leben eine Vielzahl verschiedener Naturwesen, die unter dem Oberbegriff Feenvolk zusammengefaßt werden. Sie haben starke heilende und schützende Kräfte und helfen, die Harmonie wiederherzustellen.

Die Elementarwesen der Luft

Feen

Sammelbezeichnung für geflügelte, ätherische Wesen, die sich äußerlich von Region zu Region oder aufgrund ihrer Funktion unterscheiden können.

Follette und Folletti

Italienische Windelfen, die Wirbelwinde verursachen. Sie sind klein von Gestalt und erscheinen häufig als Schmetterlinge. Follette sind weiblich, Folletti männlich. Sie sind meistens sehr freundlich, können aber auch sehr lästig werden. Wenn Ihnen die Blätter um die Füße tanzen und Sie nicht in Ruhe lassen, dann können Sie sicher sein, daß diese Wesen um Sie herum tanzen.

Mossenvolk

Deutsche und schweizerische Elfen, die wie Schmetterlinge aussehen.

Pixies, Blumenelfen

Pixies leben in Großbritannien und sind eng mit Blumen verbunden. Im Vergleich zum Körper ist ihr Kopf sehr groß.

Silvani, Salvani

Durchscheinende, geflügelte Waldnymphen in Italien. Sie bevorzugen offenbar die Farbe rot für ihre Kleidung und sie tragen gern Pelz. Sie schützen das tierische Leben.

Sylphen

Diese Luftelfen unterscheiden sich sehr in der Größe. Einige sind riesig und sehen wie gigantische Motten oder Schmetterlinge aus. Die riesigen Flügel tragen sie zusammen gefaltet auf dem Rücken. Ihre Flügelspannbreite beträgt gut das Doppelte ihrer Körpergröße. Die Sylphen erinnern an die sogenannten *Mothmen* oder *Walküren*, Wesen mit roten Augen, die unheilvolle Botschaften überbringen. Ihr Summton ist so fein, daß man sie kaum wahrnimmt. Ganz im Gegenteil also zu den Erdwesen. Sie bewegen sich mit dem Wind und bringen den Menschen inspirierende Gedanken.

Weiße Weiber, Nebelhexen

Herumstreunende Frauengestalten. Man sieht sie vor allem in der Nähe von Quellen, Grabhügeln und Orten mit starken Naturkräften (Knotenpunkten von Leylinien etwa). Sie verbergen sich in den weißen Nebeln, die um Mitternacht über dem Land hängen.

Übungen zur Kontaktaufnahme mit den Naturgeistern

Kennenlernen

Gehen Sie an einem windigen Tag auf eine offene Fläche, z.B. an den Strand oder auf eine Wiese. Lassen Sie sich vom Wind gut durchpusten und spielen Sie mit ihm wie ein Kind.

Eins werden mit dem Wind

Dieses Ritual machen Sie im Freien. Dazu brauchen Sie unbedingt Wind, also nicht an einem windstillen Tag durchführen.

Stellen Sie sich mit leicht gespreizten Beine fest auf die Erde, die Knie entspannt und leicht gebogen. Schließen Sie die Augen und strecken Sie die Arme langsam nach oben. Die Finger sind dabei gespreizt, die Handflächen weisen nach vorn. Konzentrieren Sie sich auf den Wind, der durch Ihre Finger weht. Gehen Sie diesem Gefühl einige Zeit intensiv nach. Schließen Sie dann langsam die Finger und spüren Sie dabei die Veränderung der Energie. Auch diesem Gefühl geben Sie sich einige Zeit hin.
Führen Sie die Hände langsam zueinander bis die Daumen und Zeigefinger sich in Dreiecksform berühren, wobei die Zeigefinger nach oben weisen. Führen Sie nun die Hände zu Ihrem dritten Auge und legen Sie die Hände dagegen. Fühlen Sie die Windenergie über das dritte Auge in sich hinein strömen und sanft durch Ihren Kopf streichen. Das erzeugt ein ruhiges Gefühl, so als ob der Wind Ihren Kopf reinigt und vorhandene Unruhe auflöst.
Wenn Sie das Gefühl haben, daß totale Ruhe in Ihrem Kopf herrscht, dann lassen Sie die Hände am Körper herabfielen und öffnen Sie vor dem Bauch. Schütteln Sie Finger und Hände sanft aus, als ob Sie alles Ungemach abschütteln und dem Wind mitgeben würden. Öffnen Sie die Augen und bleiben Sie noch einige Zeit ruhig stehen. Erden Sie sich anschließend so, wie Sie es gewohnt sind.

Ein paar Tips

- Treten Sie mit den Luftgeistern in Kontakt, indem Sie im Freien spazieren gehen und dabei singen.
  Flüstern Sie mit dem Wind, so daß die Luftgeister Sie hören können.
- Sprechen Sie mit den Vögel, den Kameraden der Luftgeister. Stellen Sie ein Futterhäuschen im Garten oder auf dem Balkon auf und streuen Sie im Winter Vogelfutter aus.

SCHÄTZE DER LUFT

Federn, Blumen, Bäume, Weihrauch, ätherische Öle und Bachblüten sind die Schätze des Elements Luft. Doch nicht nur Düfte gehören zur Luft, auch manche Edelsteine stehen mit diesem Element in Verbindung. Wenngleich diese in erster Linie Schätze des Elements Erde sind, so werden bestimmte Steine doch auch den Luftzeichen Tierkreiszeichen Zwillinge, Waage und Wassermann zugeschrieben.

Steine und Astrologie

Zwillinge

Moosachat
Magische Nutzung: In einem Amulett gibt er Einblick in die Absichten anderer.
Heilanwendungen: Hilft gegen Darmstörungen, Grippe, Ohrenentzündung, Ohrensausen und Fieber. Fördert den positiven Verlauf der Schwangerschaft und gibt Ruhe. Erhöht die Vitalität älterer Menschen.

Gelber Karneol
Magische Nutzung: Rituale für Familienfrieden.
Heilanwendungen: Fördert die Blutgerinnung, gut gegen Bluthochdruck, Krämpfe, Fieber, bei Neigung zu Krampfadern, entlastet Galle und Darm. Verhindert Alpträume. Wirkt hervorragend bei Blutarmut und Diabetes.

Chalzedon
Magische Nutzung: In Ritualen gegen Besessenheit.
Heilanwendungen: Vergiftungen, Depressionen, stillt Blutungen, fördert die Heilung von Knochenbrüchen, gegen Haarausfall, Erkältung und Asthma. Wirkt gegen Bluthochdruck, ist heilsam für die Schild-

drüse und gut für den Cholesterinhaushalt. Schützend bei Schwangerschaft. Gut für Raucher, die aufhören wollen zu rauchen

Waage

Chrysokoll
Magische Nutzung: Ausgeglichenheit, Ruhe, Vitalität, Kraft, Freundschaft, Liebe und Kreativität.
Heilanwendungen: Hilft gegen Schuld- und Angstgefühle. Nützlich im Kampf gegen Krebs. Hilft bei Frauenleiden, Menstruationsproblemen und Rückenschmerzen. Fördert die Toleranz und gibt emotionales Gleichgewicht.

Jade
Magische Nutzung: Sexuelle Magie, Harmonie.
Heilanwendungen: Bei der Geburt, Nieren, Rheuma, Bettnässen, Grippe, Herzleiden, Immunsystem, Leber- und Milzprobleme, Nervenschmerzen, Stoffwechsel. Leitet Nierensteine aus. Stärkt Nieren, Augen, Magen und Blase. Schützt vor Unfällen.

Kunzit
Benannt nach dem berühmten Mineralogen George Frederick Kunz, der diesen Stein 1902 entdeckte.
Magische Nutzung: Liebe und Schutz.
Heilanwendungen: Bei Muskelkater und Krämpfen. Bei Schmerzen den Stein direkt auf die schmerzende Stelle legen. Gegen Gicht und Arthritis, stützt den Hormonhaushalt und hilft gegen Depressionen.

Wassermann

Blauer Topas
Magische Nutzung: Fördert die Intuition und die Potenz.
Heilanwendungen: Hervorragend gegen Herzinfarkte und verengte Blutgefäße, Krampfadern, Hämorrhoiden, offene Beine und Nasenbluten. Gut für die Leber.

Hellblauer Saphir
Magische Nutzung: Gegen schwarze Magie.
Heilanwendungen: Wirkt auf die höchsten erreichbaren Teile unseres Bewußtseins. Bei Geisteskrankheiten, Jähzorn, Nervosität, Schlaflosigkeit, Gelenkschmerzen, Rheuma und Nervenschmerzen. Auch gegen übermäßiges Schwitzen und gegen Erdstrahlen.

Hellblauer Fluorit
Magische Nutzung: Zieht Energie an.
Heilanwendungen: Hilft bei Stoffwechselstörungen, Arthritis und Konzentrationsschwierigkeiten.

Weihrauch
Weihrauch, geweihter Rauch, besteht aus einer Reihe von Stoffen wie feinen Kräutern, Pflanzen, Blumen und Harzen, die mit miteinander gemischt werden. Weihrauch wird sowohl in loser Form als Granulat oder Pulver, das auf glühender Holzkohle verbrannt wird, oder in fester Form als Räucherstäbchen verwendet. Wenn er verglüht, verbreitet der aufsteigende Rauch einen aromatischen Duft.
Für viel Menschen ist Weihrauch nicht nur ein angenehmer Duft sondern hat feste Bedeutungen oder Funktionen in uralten Traditionen. In vielen Tempeln Malaysias, Taiwans oder Hongkongs verbrennt man die joss-sticks, enorme Weihrauchstäbe, die dort als Opfer an die Götter und Göttinnen vor sich hin rauchen und einen geradezu betäubenden Duft verströmen. In Japan wehrt man mit Weihrauch Dämonen ab. Im Shinto-Glauben, im Zen und anderen Buddhismus-Varianten ist Weihrauch ein essentieller Bestandteil von Meditationen. Weihrauch fördert nämlich die Konzentration. Einer alten Legend zufolge wurden während der sehr konzentrierten und ermüdenden Vorträge Buddhas Stücke von Sandelholz verbrannt, um die Zuhörer wach zu halten. Diese Gewohnheit wurde später in den buddhistischen Klöstern und Tempeln in der ganzen Welt beibehalten. Auch das Christentum verwendet häufig Weihrauch in den Gottesdiensten.
Westliche spirituelle Strömungen haben das Abbrennen von Weihrauch während des Meditierens übernommen, doch gibt es hier

noch weitere Anwendungsbereiche. So verwenden Hexen Weihrauch, um ihre Gerätschaften und ihr magisches Buch der Schatten damit zu weihen. Schamanen reinigen mit einem Smudgestick, einem Bündel aus getrockneten Kräutern und Zweigen, Räume und Menschen. Die Räucherfackel wird angebrannt, das Feuer ausgeschüttelt oder ausgeblasen und die Glut mit einer Feder in Gang gehalten. Zugleich wird damit der entstehende Rauch verteilt. Wahrsager brauchen Weihrauch als Mittel, sich und den Fragesteller zu öffnen, damit die Deutung von Kartenauslagen oder das Sehen in der Kristallkugel erfolgreich wird. Zudem eignet sich Weihrauch hervorragend als Mittel gegen Mücken und andere Insekten. Im Gegensatz zu den meisten Menschen mögen diese Tiere Weihrauch überhaupt nicht.

Inhaltsstoffe

Ein wichtiger Bestandteil von Weihrauchmischungen ist Myrrhe, ein Gummiharz, welches die alten Ägypter schon für das Einbalsamieren und Mumifizieren ihrer Toten verwendeten. Arzneirezepte wurden ebenfalls mit Myrrhe angereichert.

Ein ganz besonderer Weihrauch war und ist Kyphi, welches in den Abendstunden für angenehme und ruhige Momente sorgen soll. Kyphi beinhaltet u.a. Myrrhe und ist ein idealer Weihrauch zur Entspannung. Sie schlafen herrlich davon ein und träumen schön. Das Originalrezept ist zwar verschollen, das hindert aber einige Menschen nicht zu behaupten, sie hätten das authentische Rezept ‚originalgetreu' nachkomponiert und ihre Mischung sei ebenso gut wie das Original aus dem alten Ägypten. Auf S. 124 finden Sie ein solches Rezept. Das man herrlich davon einschläft ist nicht verwunderlich. Schließlich wird eine ganze Menge Wein hinein gemischt. Aber auch guter Honig und Rosinen gehören zu den typischen Zutaten.

Kyphi herzustellen ist mühevoll und dauert einige Monate. Die Zutaten werden getrocknet und in einem Mörser zermahlen. Oft mischt man nochmals Honig und/oder Wein dazu und formt aus der entstandenen Paste kleine Kugeln oder Plättchen formt. Diese müssen dann erneut trocknen. Doch das Ergebnis lohnt die wochenlange Arbeit und Geduld. Das fertige Kyphi ist gut ein Jahr haltbar, oft länger. Das echte Rezept ist wie schon gesagt nicht zu ermitteln, daher steht es Ihnen frei, selbst zu experimentieren. Wen Sie nach dem Abbrennen schnell einschlafen und wunderbare Träume haben, dann haben Sie wohl die richtige Rezeptur erwischt!

Natürliche Harze

Ein wichtiger Grundstoff für Weihrauch ist Harz. Es gibt verschiedene Sorten, jede hat ihren spezifischen Duft. Die meist verwendeten Sorten sind Olibanum, Myrrhe, Drachenblut (stammt nicht von Drachen, sondern von einer Baumart), Benzoe und Kiefernharz. Alle genannten Sorten sind leicht zu verarbeiten. Das tiefrote Drachenblut ist allerdings nur schwer erhältlich. Manchmal wird einem Harz noch etwas anderes zugegeben, etwa Bernstein, Schwefel, Salz oder Zucker. Wenn Sie mehr darüber wissen möchten, empfehle ich Ihnen ein spezielles Buch zum Thema anzuschaffen. Beim Kauf von fertigen Weihrauchmischungen sollten Sie darauf achten, daß viele der angebotenen Mischungen lange nicht mehr so natürlich sind, wie Sie vielleicht denken. Vor allem in billigen Mischungen werden synthetische Stoffe verwendet, von denen Sie z.B. Kopfschmerzen bekommen können.

So verwenden Sie Weihrauch

Loser Weihrauch (Granulat): Streuen Sie zuerst eine Schicht Vogelsand in Ihren Weihrauchbrenner. Darauf legen Sie spezielle Holzkohle für das Weihrauchbrennen, die Sie z.B. in Esoterikläden bekommen. Zünden Sie die Kohle an und lassen Sie sie durchglühen, bis sie grau oder weißlich wird und streuen Sie dann eine Messerspitze Weihrauchgranulat darauf. Nehmen Sie immer nur wenig Weihrauch zur Zeit, sonst reizt der Rauch womöglich Ihre Atemwege. Streuen Sie lieber öfters kleine Mengen nach.

Fester Weihrauch: Räucherstäbchen stecken Sie in eine spezielle Halterung (im Esoterikladen erhältlich) oder in eine längliche Schale mit Sand oder Erde. Zünden Sie dann das Stäbchen an, es verglüht nach und nach von selbst. Räucherstäbchen eignen sich sehr gut für die rituelle Reinigung von Räumen, da man problemlos mit Ihnen darin herumlaufen kann.

Weihrauch in Form von Würfeln oder Brocken legen Sie immer auf einen hitzebeständigen Untergrund, etwa einen Stein oder eine feuerfeste Schale.

Korrespondenzen Bäume und Tierkreiszeichen

Eberesche / Vogelkirsche – Zwillinge – Kommunikation, Neugier, Liebe
Die Vogelkirsche hat die Farbe der Blitze von Gott Tor. In der germanischen Mythologie stehen Thor und Eberesche in enger Verbindung, denn er rettete Thor dereinst das Leben, als er von schnell steigender Flut bedroht wurde und seinen kranken Bock mit Eschenblättern fütterte und so heilte. Daher heißt dieser Baum auch Thorsbaum. Für die Druiden war die Vogelkirsche ein heiliger Baum, aus dem sie ihre Runenstäbchen schnitzten.

Esche – Zwillinge – Intellekt, Heilung, Schnelligkeit
Die Esche wird in den isländischen Sagas immer wieder erwähnt und spielt in der germanischen Mythologie eine besondere Rolle. Der Lebensbaum Yggdrasil ist eine riesige Esche, in der die Geheimnisse des Lebens und des Tode wohnen. Die enormen Äste Yggdrasils umarmen Himmel und Erde. Seine gigantischen Wurzeln reichen bis tief hinein in die Menschenwelt, die Welt der Riesen und sogar bis in die Unterwelt. Yggdrasil ist die Achse, um die sich alles dreht. In dem Baum leben zahlreiche wunderliche Wesen, deren jedes seine eigene Geschichte hat. Ganz oben im Wipfel wohnt etwa der weise Adler. Zwischen den Augen Yggdrasils saß der Habicht Wedrsolnir und gemeinsam behielten sie alles im Blick. An den Wurzeln, in der Welt der Riesen, entspringt die Quelle der Mimir, deren Wasser Weisheit und Einsicht schenkt. An den Wurzeln, die bis in die Menschenwelt reichen, entspringt die Quelle der Urd, wo die drei Nornen leben: Urd (Vergangenheit), Verdandi (Gegenwart) und Skuld (Zukunft). Diese Frauen bestimmen das Schicksal der Welt. Unter der dritten Wurzel befindet sich die Quelle Hvergelmir, wo der Lindwurm Nidhöggr wohnt. Er nagt an der Wurzel Yggdrasils und bedroht damit die Existenz der Welt und ist damit nicht der einzige, der der Welt böse gesonnen ist, denn die vier Hirsche, die sich an den jungen Knospen der Weltesche gütlich tun sind ebenso bedrohlich. Sie symbolisieren die Zeit. Jedes ihrer Geweihe hat

zwölf Enden, die den zwölf Monaten des Jahres entsprechen. Und jedes Jahr verlieren die Hirsche ihr Geweih, welches nach einer gewissen Zeit aber wieder nachwächst. Die Quellen symbolisieren das Lebenswasser, welches über die Welt strömt, reinigt und neues Leben spendet.
Das Eichhörnchen Ratatösk ist der Botschafter und das Symbol für Kommunikation. Es läuft täglich mehrmals zwischen Adler und Lindwurm hin und her, um deren jeweilige Worte zu überbringen und hält so den Streit zwischen beiden in Gang. Die größte Bedrohung für Yggdrasil ist aber der Ragnarök, der Endkampf, in dem die ganze Welt in Flammen aufgehen wird. Trotz all dieser Bedrohungen steht die Weltesche fest und sicher.
Die vielen Mythen um die Esche sind ein Quell der Weisheit. Der Baum hat zudem heilkräftige Wirkungen und so werden Blätter, Rinde und Pflanzensaft in reinigenden Rezepte gegen Abgespanntheit, Knochenbrüche, Geschwulste und Hautprobleme verarbeitet.

Tanne – Waage – Geborgenheit, Wärme, Friede
Die Tanne ist das Symbol für ewiges Leben, weil sie immergrün ist und ihre Zapfen immer Samen enthalten, die daher auch ein Symbol für Fruchtbarkeit sind. Dieser Baum wurde früher bei Festen, wie etwa dem Maifest (Beltane), mit bunten Bändern verziert.
Spiralförmig vom Stamm geschälte Rinde sollte bösen Geistern die Kraft nehmen. Wer um den Baum tanzte, sollte im ganzen Jahr nicht krank werden und diejenigen, die krank waren, glaubten an die magischen Kräfte des Baumes. Schmerzende Stellen sollten wie von Zauberhand heilen, wenn man die Stelle an den Baum hielt. Damit der Baum seine magischen Kräfte hergab, mußte man nur ein wenig Münzgeld in die Borke stecken. Vielleicht nahmen sich die Erdmännlein der Münzen an, denn sie sind ja ganz verrückt auf alles, was glänzt.

Mispel – Waage – Geselligkeit, Heiterkeit, Heilkraft
Die Mispel hat starke magische Kräfte und galt als Abwehrmittel gegen Hexen. Der Baum schützte darüber hinaus vor allem die Ehe und alles, was mit dem Haushalt zu tun hatte.

Weide – Wassermann – Kraft, Wiedergeburt, Frühling, Lebensfreude
Auch die Weide ist ein typischer Hexenbaum. Wollte jemand früher Aufnahme in eine Hexengruppe finden, so fand die Einweihung unter einer Weide statt. Dabei wurden dann folgende Worte gesprochen: *Hier sitz ich unter der Weide und schwöre Gott und allen Heiligen ab.* Danach setzte man seine Unterschrift mit eigenem Blut in das Buch, welches die Hexen bei sich hatten. Vermutlich handelte es sich dabei um ein gemeinschaftliches Buch der Schatten, in dem sie ihre Sprüche und Rituale sammelten. Eine derartige Gruppe nannte man auch eine Hexengilde, bevor man sie später *coven* nannte.
Aus Weidenzweigen wurden Flöten geschnitzt (s. S. 104). Sie hatten ebenfalls magische Kräfte. Beim Schnitzen sang man Lieder, welche Hexen vertreiben sollten, von denen man sagte, daß sie den Frühling verhindern wollten, indem sie Frost und Kälte schickten.

Silberpappel – Wassermann – Schutz, Unsicherheit, Wachstum
Ein typischer Frühlingsbaum deren Kräfte in der berühmten Hexenflugsalbe Anwendung fanden, mit der die Hexen in die Lüfte schwebten. Das Holz der Pappel wurde schon von Griechen und Römern für rituelle Feuer genutzt. Ein idealer Baum, um zwischendurch auszuruhen und neue Kräfte zu tanken. Sonst ist in unserer Folklore nicht viel über die Pappel bekannt.

Ätherische Öle (Aromatherapie)

Ätherische Öle werden in der Regel nicht innerlich angewendet, es sei denn, ein Aromatherapeut schreibt es vor. Die feinen Aromen werden hierzulande auf vielfältige Weise eingesetzt, durchaus mit anderen Effekten als getrocknete oder frische Kräuter sie haben. Die Pflanzen- und Blütenöle haben ganz spezielle Zusammensetzungen, die zum Teil seit Jahrtausenden bekannt sind und genutzt werden. Schon die alten Ägypter wußten um die Anwendungsmöglichkeiten und verbreiteten ihre Wissen über die ganze Welt.
Ätherische Öle werden aus Pflanzen extrahiert. Manche Öle sind sündhaft teuer, andere kosten nur wenige Cent. Das liegt an den in den Pflanzen enthaltenen Mengen des extrahierbaren Öl. Manchmal braucht man Tau-

sende von Kilos Rohware, um einen Liter Öl zu gewinnen, bei anderen Pflanzen wieder liefern fünfzig Kilo Rohware die gleiche Menge Öl.
Neben der Nutzung für magische Zwecke werden ätherische Öle vor allem genutzt, um Stimmungen zu beeinflussen und Genesungsprozesse zu unterstützen. Die gehen schnell ins Blut über, beeinflussen die Drüsen und die Nerven, stimulieren den Körper, geben Vitalität und verlangsamen den Alterungsprozeß.
Hier ein paar Beispiele der zahlreichen Verwendungsmöglichkeiten:

- Einige Tropfen in eine Duftlampe mit etwas Wasser bringen einen angenehmen Duft ins Haus.
- Einige Tropfen auf eine Glühbirne, etwa im Schlafzimmer.
- Einige Tropfen in einen Wasserverdunster an der Heizung.
- Mit einem Basisöl mischen, um so daraus ein Massageöl zu zaubern.
- Einige Tropfen in ein Fußbad oder ein Wannenbad geben (herrliche Zutat zu Badesalz, Shampoo oder Duschgel).
- Ein paar Tropfen in ein Dampfbad zum Inhalieren.
- Auf Kompressen tropfen.
- Einige Tropfen in Weihrauch oder auf ein Potpourri geben.
- Einige Tropfen mit einem Basisöl mischen als Salböl für Kerzenmagie.

Rezepte finden Sie auf S. 125.

LUFTSYMBOLE

Benutzen Sie diese Symbole bei der Herstellung von Amuletten und Talismanen oder für Ihre Aufzeichnungen im magischen Tagebuch (Buch der Schatten).

Adler – geistige Kraft, Grenzüberschreitung, Freiheit

Alchemistisches Symbol - Aufrecht stehendes Dreieck

Buch – Sich Wissen aneignen

Drachen – Sorgen loslassen

Eule – Weisheit

Feder – Leichtigkeit

Fledermaus – Gesundheit, Wohlergehen, Tugend, Alter und ein natürlicher Tod

Flügel – astrale Energie

Habicht – Wachsamkeit, Bewußtsein und die Fähigkeit, Details zu erkennen

Kolibri Glück, Leichtigkeit

Luftblasen – Phantasie

Magerite – Frühling

Marienkäfer – Glück

Mücke – nachlassende Energie

Rabe – Sammeln

Rose – Liebe, Reinheit

Storch – Symbol des beginnenden Lebens, Elternschaft

Schmetterling – altes Symbol für die Seele, Transformation

Schreibstift – Schriftkunde

Schwalbe – Geist der Luft, Frühlingsbote, Glück

Taube – Liebe, Friede und Fruchtbarkeit

Weihrauch – Luft

Wind – Kommunikation, übertragen, verbinden, aber auch loslassen

Windfahne – Bake, Orientierungszeichen

 **Windmühle** – Energie

 **Wolke** – Probleme, Regen, Sorgen

Vogelsymbolik

Federn von den genannten Vögeln können Sie bei magischen Ritualen als entsprechendes Symbol einsetzen.

Adler – Mut
Albatros – Seele, Wiedergeburt, Überbringer guter Nachrichten
Amsel – Frühling
Bussard – Sturheit
Drossel – Sangeskunst, Botschafter
Eisvogel – Glück, Liebe, Treue
Elster – Sammeln, Hüter des Schatzes, Plaudern
Ente – Überfluß, Reichtum und Umwandlung
Eule – Weisheit, Wissen
Falke – verbunden mit Horus; das allsehende Auge, Details
Fasan – Konfrontation, Lebenslauf
Fink – Musik
Gans – Häuslichkeit, Geselligkeit, Teamgeist, Wahrsagen
Geier – verbunden mit Isis; Leben und Tod, Wiedergeburt
Habicht – Fähigkeit, auch Details zu sehen, Achtsamkeit
Hahn – Stolz, Arroganz, Mut, Streitlust
Huhn – Sicherheit und Erfolg, Mutterschaft
Ibis – verbunden mit dem Gott Thot; Wissen, Magie, Schrift
Kolibri – Schönheit, Wachsamkeit, Glück
Kranich – Kraft, Glück, Reinheit, Unsterblichkeit
Krähe – Rat, Weisheit, Initiative
Kuckuck – Frühling, Neubeginn
Lerche – Glück, Lebensfreude
Meise – Einfalt, Treue, Eheglück
Möwe – Geschicklichkeit, Sorglosigkeit, Freiheit
Nachtigal – Sangeskunst, Geschwisterliebe

Papagei – Schönheit, Geselligkeit, Kommunikation
Pfau – Selbstvertrauen, Stolz, Schönheit
Rabe – Träume, Bestimmung, Geheimnis
Reiher – Erlösung, Verrat
Schwalbe – Glück, neue Unternehmungen
Schwan – Eleganz, Pflegen, Mutterschaft, göttliche Inspiration
Spatz – Haushalten
Specht – Veränderung, Durchsetzungsvermögen, hellseherische Gaben
Star – die Mutter, Hochzeit
Steinadler – Nordwind, Sieg, Botschafter der Götter
Strauß – Ordnung, Stabilität, Kopf-in-den-Sand-Verhalten
Storch – Fruchtbarkeit, Elternschaft, Pflege
Taube – Friede, Liebe, Fruchtbarkeit, Mut
Truthahn – Mut, Aggression
Wachtel – Geselligkeit
Waldkauz – verbunden mit der Göttin Athene; Kraft, Hexerei
Weiße Taube – Liebe, Friede

REZEPTE ZUM ELEMENT LUFT

Das Element Luft verbindet man mit dem Frühling, mit Blumen, luftigen Cremes und frischen Früchten. Für alle Blumenrezepte gilt natürlich, daß Sie ungespritzte Pflanzen, vorzugsweise aus dem eigenen Garten, verwenden sollten. Pflücken Sie die Blüten und Blätter kurz nachdem der Tau abgetrocknet ist, wenn die Sonne gerade richtig aufgeht.

Kandierte Blüten und Blätter

Gewaschene und getrocknete Blumen oder Blätter von Veilchen, Kapuzinerkresse, Storchschnabel, Zitronenmelisse, Lavendel und Moosröschen – feiner Zucker – 2 Eiweiße – Pergamentpapier – Pinzette
Schlagen Sie das Eiweiß leicht an, daß es durchsichtig und etwas schaumig ist. Stellen Sie ein Schälchen Zucker bereit. Tauchen Sie jede Blüte bzw. je-

des Blatt mit Hilfe der Pinzette in das Eiweiß und dann vorsichtig in den Zucker. Legen Sie die gezuckerte Blüte (Blatt) auf das Pergamentpapier und lassen Sie alles trocknen. Das geht auch bei schwacher Hitze im Backofen. Die Tür dabei etwas offen stehen lassen. Wenn die Blüten (Blätter) leicht und brüchig geworden sind, sind sie fertig und können in einer luftdichte Dose maximal zwei Tage aufbewahrt werden.

Gezuckerte Veilchen

Eine schöne Dekoration für süße Gerichte oder Kuchen.
1 Tasse Veilchenblüten (ohne Stengel) – 2 Eiweiße – Puderzucker
Veilchen vorsichtig abspülen und trocknen tupfen. Das Eiweiß mit 2 TL Wasser schön schaumig schlagen. Die Blüten in den Eischnee tauchen, so daß sie rundherum von Eischnee umgeben sind. Dann mit Puderzucker bestreuen und trocknen lassen. Anschließend in einer luftdichten Dose aufbewahren.

Rosenblütengelee

450 g Gelierzucker – 20 duftende, ungespritzte Rosenblüten – 1 Liter Wasser - Saft von 2 Zitronen – Rosenwasser – hübsche Gläser – Soda
Spülen Sie die Gläser gut mit heißem Sodawasser oder geben Sie sie in die Spülmaschine (auf höchster Temperatur). Danach umgekehrt auf ein sauberes Geschirrtuch stellen.
Die Blütenblätter von den Rosen pflücken und in Streifen hacken. In eine Schale füllen und 225 g Zucker zufügen. Decken Sie die Schale gut ab und lassen Sie den Ansatz 24 Stunden ruhen.
Dann den restlichen Zucker in einen Topf füllen. Mit dem Wasser und dem Zitronensaft bei schwacher Hitze erwärmen. Wenn der Zucker sich aufgelöst hat, die gehackten Rosenblätter zugeben. Unter gelegentlichem Umrühren langsam köcheln lassen. Wenn das Gelee beginnt, zu verdicken, noch 5 Minuten sprudelnd aufkochen. Nach Geschmack noch etwas Rosenwasser zufügen.
Das Gelee heiß in die sauberen Gläser füllen und sofort den Deckel aufschrauben, auf den Kopf stellen und mit einem Tuch bedeckt langsam abkühlen lassen. Dunkel lagern.

Kandierte Engelwurz (Angelika; im Frühling)

Junge Sprossen von der Engelwurz (Angelika archangelica)– sehr feinen Kristallzucker – Puderzucker – Wasser – Schraubgläser – Backpapier

Schneiden Sie die Engelwurzstengel in ca. 8 cm lange Stücke. In einem Topf mit Wasser zum Kochen bringen. Etwa 1/2 Stunde köcheln lassen, dann die Stengel herausholen und abschälen.

Das Wasser erneut aufkochen, die Stengel wieder zugeben und ca. 1 Stunde gar kochen. Sie sollten noch al dente sein. Dann abgießen und wiegen. Exakt das gleiche Gewicht an Zucker zugeben, gut durchschütteln, bis die Stengel rundum gut bedeckt sind. Für einige Tage in den Kühlschrank stellen.

Dann haben die Stengel etwas Saft gezogen. Das Ganze (Saft und Stengel) erneut zum Kochen bringen und köcheln, bis die Stengel glasig sind. Stengel dann aus dem Topf nehmen, abtropfen lassen und auf ein mit Backpapier ausgelegtes Backblech legen, mit Puderzucker bestäuben und die Stengel bei ca. 100° C trocknen lassen. Bewahren Sie die kandierten Angelika-Stengel in einer dicht schließenden Dose auf und legen Sie jeweils etwas Pergamentpapier zwischen die einzelnen Lagen.

Wildblumensalat

Veilchen (Viola odorata L.) – Löwenzahnblüten – Eichblattsalat - 25 g geröstete Cashewnüsse – 25 g geröstete Walnüsse – 1/2 Paket gefrorene Himbeeren.

Für das Dressing: 2 TL Himbeeressig – 3 EL Orangensaft – 2 TL Honig – 3 EL Griechischer Joghurt

Arrangieren Sie auf einem Teller etwas Eichblattsalat und verteilen Sie die Blüten darauf. Mit etwas Dressing begießen und mit gefrorenen Himbeeren und den teils gehackten Nüssen bestreuen

Gefüllte Kapuzinerkresse

1 Schale Frischkäse, natur – 1 zerdrückte Knoblauchzehe – Schnittlauch – frische Petersilie und Thymian nach Geschmack – Pfeffer und Salz nach Geschmack – Paprikapulver – Blüten von Kapuzinerkresse

Blüten abspülen und trocknen. Die übrigen Zutaten zu einer weichen Creme verrühren und in die Blüten füllen. Sofort servieren.

Erdbeercreme

500 g Erdbeeren – 150 g Zucker – 3 Blätter (6 g) Gelatine – 4 dl Schlagsahne – Zitronensaft

Die Gelatine in Wasser einweichen. Die Erdbeeren waschen und ein paar besonders schöne zur späteren Dekoration zur Seite legen. Den Rest in der Küchenmaschine pürieren, dabei etwas Zitronensaft zugeben.

In einem kleinen Topf etwas Wasser erhitzen, vom Feuer nehmen und den Zucker und die Gelatine darin auflösen. Die Mischung in das Erdbeerpürree einrühren.

Die Schlagsahne steif schlagen und unter das auf Zimmertemperatur herunter gekühlte Erdbeergemisch heben. Das Ganze in eine mit kaltem Wasser ausgespülte Schüssel geben und im Kühlschrank steif werden lassen.

Zum Servieren den Pudding auf einen großen Teller stürzen und mit den übrigen Erdbeeren und etwas Sahne dekorieren.

MAGISCHE UND RITUELLE REZEPTE

In den folgenden Rezepten werden ätherische Öle verwendet. Die besten Öle sind diejenigen, die naturrein und unverdünnt sind. Testen Sie zuvor, ob Sie auf das Öl allergisch reagieren. Einfach einen kleinen Tropfen auf die Innenseite des Ellenbogengelenks reiben und abwarten. Wenn sich die Haut rötet, sollten Sie das Öl nicht verwenden. Wenn Sie Mischungen mit Zitrusölen verwenden, sollten Sie 3-4 Stunden nicht in die direkte Sonne gehen. Verwenden Sie ätherische Öle auch im Bad nie pur. Mischen Sie sie immer mit einem Basisöl oder mit Sahne. Nicht in die Augen kommen lassen!

Naturparfüm ‚Frühlingsfrische'

Mischen Sie in 5 ml Jojobaöl oder Naturalkohol verschiedene Zitrusöle nach Belieben, insgesamt 12 Tropfen. Dazu geben Sie noch 2 Tropfen Rosmarin und 1 Tropfen Geranium.

Reinigung der Atemwege und für Reinigungsrituale allgemein

Verwenden Sie Yerba santa (Eriodictyon californicum) als Kraut in Weihrauch und als Aufguß in Dampfbädern und Reinigungswässern.

Klärung der Gedanken / Reinigung von Edelsteinen, Schmuck, Räumen etc.

Mischen Sie je gleiche Teile Olibanum (Boswellia carterii), Benzoe (Styrax tonkinensis) und Mastix (Pistacia lentiscus) in einem Mörser. Einen Teelöffel dieser Mischung auf glühende Holzkohle streuen. Der Rauch erfüllt den Raum und reinigt ihn. Zu reinigende Objekte halten Sie in den Rauch.

Smudgestick (Räucherfackel) aus weißem Salbei

Als Räucherkraut für Reinigungsrituale eignet sich weißer Salbei (Salvia apiana) besonders, Sie können aber auch den Echten Salbei (Salvia officinalis) verwenden. Bündeln Sie etwas getrocknetes Kraut zu einem Smudgestick und zünden Sie das Bündel an einer Seite an. Dann gleich die Flamme auswedeln und das nun schwelende und rauchende Bündel zuerst zum Herzen, dann zum Kopf und schließlich entlang der Arme und Beine und des Rumpfes führen. Auf S. 104 wird beschrieben, wie man einen Smudgestick macht.
Für Therapieräume: Einfach ein Salbeiblatt entzünden und am Behandlungstisch vorbei durch den Raum gehen. Der Rauch entfernt schwere Energien und macht die Luft wieder klar.

Kommunikation – Verstand

Verstand ist nötig, um Pläne zu präsentieren, zu diskutieren und schließlich zu entscheiden. Folgende Mischung regt an und schafft Raum für die Anwendung des Verstandes. Mischen Sie die ätherischen Öle von Grapefruit, Eukalyptus, Kiefer und Lorbeer zu gleichen Teilen. In der Duftlampe verdunsten.

Weihrauchmischung zur Meditation

1 Teil Weihrauch, und zwar den echten Olibanum (Boswellia carterii), 1 Teil Kopal gold (Copal Ssp.), 1 Teil Süßgras (Hierochloe odorata). In ei-

nem Mörser gut mischen und dann jeweils einen Teelöffel voll auf Holzkohle verräuchern. Wenn die Mischung verglüht ist, füllen Sie etwas nach.

Kyphi

Das authentische Kyphi setzte sich vermutlich aus gut sechzehn Ingredienzien zusammen, von denen heute einige schwierig zu bekommen sind. Daher ist Kyphi auch sein sehr kostbarer Weihrauch, den man nur zu besonderen Gelegenheiten verwendet. Verwenden Sie ihn bei Reinigungs-, Wahrsage- oder besonderen magischen Ritualen. Kyphi bringt Ruhe und Übersicht, vertieft und befördert Botschaften in Träumen nach oben.
4 Teile Olibanum, 2 Teile Benzoe, 2 Teile Galbanum, 2 Teile Myrrhe, 1 Stückchen Ingwerwurzel, einige Fäden Safran, 1 Zimtstange, 8 Rosinen, 8 Wacholderbeeren, 1 Stückchen Zypressenrinde, 2 Tropfen Benzoe , 2 Tropfen Kardamom, 2 Tropfen Jasmin, 2 Tropfen Sandelholz, etwas Honig.
Die trockenen Bestandteile gut miteinander mischen und in ein dicht schließendes Gefäß geben. Darin zwei Wochen reifen lassen. In ein anderes Gefäß kommen die feuchten Inhaltsstoffe. Nach zwei Wochen beide Komponenten zusammen fügen und gut mischen. In einem Mörser alles sehr fein zerstoßen. Diese gemörserte Mischung lassen Sie dann noch einmal zwei Wochen in einem dicht schließenden Gefäß ruhen. Rühren Sie derweil ab und zu um.
Rollen Sie dann die bröselige Paste auf Backpapier dünn aus und lassen Sie das Ganze an der Luft trocknen. Das kann einige Wochen dauern. Versuchen Sie nicht, den Vorgang im Backofen zu verkürzen, denn dann riecht zum einen der Backofen ewig nach Weihrauch und die Öle verflüchtigen sich, bevor sie sich mit den Harzen verbinden konnten. Im Sommer können Sie die Rohkyphi-Platte auch draußen im Schatten trocknen lassen. Wenn der Kyphi komplett durchgetrocknet ist, dann zerbröseln Sie ihn etwas und verbrennen ihn ganz kleinen Portionen (1/2 TL) auf einer nur dafür reservierten Holzkohle.

Erfrischende Sprays

Für frische, beruhigende Luft im Haus sorgen einige Tropfen unten folgender Mischungen, die Sie mit einem Zerstäuber versprühen. Das ist vor allem in kleinen Räumen (Toilette), aber auch in Arbeits- und Therapieräumen zu empfehlen. Die Ergänzung durch Edelstein- oder Bachblütenanwendungen nach Geschmack kann ich ebenfalls sehr empfehlen.

Verwendung
Füllen Sie ein Sprühfläschen (etwa einen leeren Deo-Zerstäuber) mit 50 ml Wasser. Fügen Sie 25 Tropfen einer der folgenden Zusammenstellungen sowie 25 Tropfen reinen Alkohol (96%, aus der Apotheke) zu.
Das Fläschchen mit verschließen, gut schütteln, mit einem (selbst gestalteten) Etikett versehen und fertig ist das Spray. Vor jedem Gebrauch noch einmal schütteln.

Atem holen
Zur Entspannung und Desinfektion der Atemwege.
6 Tropfen Eukalyptus radiata
4 Tropfen Lavendel
2 Tropfen Douglasie
1 Tropfen Ysop

Massageöl für eine Bürstenmassage

	Erwachsene	*bei Asthma und für Kinder*
Basisöl	Traubenkernöl 10 ml	Sesamöl 10 ml
ätherische Öle	5 Tropfen Douglasie	2 Tropfen Eukalyptus radiata
	2 Tropfen Lavendel	1 Tropfen Lavendel
	1 Tropfen Eukalyptus globulus	1 Tropfen Douglasie
	2 Tropfen Krauseminze (niemals Pfefferminze)	1 Tropfen Ysop

Diese Rezepte sind auch als Body- und Badeöl zu verwenden.

Rezept für Konzentration und Visualisierung

Diese Mischung während des Studierens, bei der Arbeit oder beim Autofahren verwenden.
3 Tropfen Bergamotte
3 Tropfen Zitrone
2 Tropfen Lemongras
1 Tropfen Douglasie

Frischer Wind

Bei Kopfschmerzen und Anspannung zur Erleichterung und Klärung.
2 Tropfen Lavendel
3 Tropfen Krauseminze
1 Tropfen Muskatellersalbei

Tips

Vorsicht bei Babys, kleinen Kindern, älteren und geschwächten Menschen, schwangeren Frauen und Säuglingen. Sie reagieren möglicherweise empfindlich auf die Raumsprays. Seien Sie ebenfalls mit direktem Sonnenlicht vorsichtig, insbesondere, wenn Sie Zitrusöle verwenden. Halten Sie sich an die Rezepte. Bei richtiger Dosierung sind die Mischungen nicht problematisch oder gar gefährlich. Bewahren Sie Ölmischungen immer kühl, dunkel und außer Reichweite von Kindern auf.

Allergietest

Testen Sie vor einer äußerlichen Anwendung ätherischer Öle (z.B. Massage), ob Sie eventuell allergisch auf die Substanz reagieren. Tragen Sie etwas Öl auf die Innenseite des Ellenbogen auf. Bei Überreaktion (Rötung, Hautjucken etc.) das Öl sofort mit einem Wattepad abnehmen und mit Wasser nach waschen.

LUFT IN WETTER UND WIND

Winde, Stürme, Orkane und Tornados

Wind entsteht dadurch, daß die Sonne die Luft erwärmt, wodurch sie aufsteigt und unten kalte Luft nachzieht. Warme und kalte Luft wechseln die Plätze. Im Wetterbericht spricht man dann von Kalt- oder Warmfronten. Ein sehr starker Wind ist ein Sturm oder gar ein Orkan. Orkane, tropische Wirbelwinde, können Geschwindigkeiten im Schnitt um die 250 Stundenkilometer, maximal etwa 500 km pro Stunde erreichen. Ein Orkan entsteht über dem Meer wenn warme Luft schnell aufsteigt und kalter Wind von der Seite nachströmt.

Dann gibt es noch Tornados, das sind lokale Wirbelwinde. Sie sind zwar kleiner, aber kräftiger. In seiner Mitte gibt es eine Zone völliger Windstille, das sogenannte Auge. Solche Tornados treten vor allem in Nordamerika auf.

In Momenten, wo ein Orkan über Sie hinweg fegt, ist es sicher keine gute Idee, diese Naturgewalten mit Windmagie bezähmen zu wollen. Bestenfalls kommt für Sie dabei ein kurzer Ritt durch die Luft heraus. Es gibt Grenzen der Zauberei, wenngleich es auch Magier und Hexen gibt, die Stein und Bein schwören, auch gegen Orkane anzaubern zu können. Als Menschen sind wir zwar göttlich inspirierte Wesen, doch steht die göttliche Natur noch immer über uns.

Windstärke	*Bezeichnung*	*Geschwindigkeit*
0	still	0 km pro Stunde
1	schwach	1-5 km pro Stunde
2	schwach	6-11 km pro Stunde
3	mäßig	12-19 km pro Stunde
4	mäßig	20-28 km pro Stunde
5	ziemlich kräftig	29-38 km pro Stunde
6	kräftig	39-49 km pro Stunde
7	stark	50-61 km pro Stunde
8	stürmisch	62-74 km pro Stunde

9	Sturm	75-88 km pro Stunde
10	schwerer Sturm	89-102 km pro Stunde
11	sehr schwerer Sturm	103-117 km pro Stunde
12	Orkan	117 und mehr km pro Stunde

Regenbogen und Halo

Ein Halo, ein Ring um die Sonne oder den Mond, erscheint infolge der Brechung des Lichts durch Eiskristalle hoch in der Atmosphäre und kündigt Wetterveränderungen an.
Wenn es bei niedrig stehender Sonne regnet, dann entsteht das wunderschöne Farbspektrum des Regenbogens. Auch bei Wasserfällen können Regenbogen entstehen und sogar über Ihrem Gartenteich können Sie an warmen Tagen ganz zarte, fast unsichtbare Regenbogen erkennen.
Regenbogen sind immer wieder ein Genuß. Seit jeher werden sie als Brücke zwischen Himmel und Erde betrachtet. In der germanischen Mythologie fungierte der Regenbogen als Bindeglied zwischen verschiedenen Welten. Die griechische Göttin Iris pendelte als Botschafterin über einen Regenbogen zwischen Götter- und Menschenwelt hin und her.

Die Bedeutung der Windrichtungen

Ostwind

Ostwinde werden mit dem Frühling assoziiert und mit einen frischen Neubeginn. Ostwind ist trocken und kommt übers Land.
Nutzen Sie Ostwinde, wenn es um Themen geht, die mit Reisen, Veränderungen, Kommunikation, Studium, Divination und Gedanken zu tun haben.
Liebesangelegenheiten, ausgenommen, Sie zielen auf eine intellektuelle, sprich rein geistige Liebesangelegenheit, sollten Sie bei Ostwind nicht bchandcln.

Südwind

Südwinde werden mit dem Sommer assoziiert und sind warm, sanft und angenehm. Nutzen Sie Südwinde um Ideen zu stärken, ambitionierte Pläne zu schmieden, überhaupt für alles, was sich in Entwicklung befindet. Dieser Wind ist perfekt für Liebesangelegenheiten und gibt viel Kraft und Wärme.

Westwind

Westwinde werden mit dem Herbst assoziiert. Sie kommen von See, führen Wolken mit sich und Regen. Diese Winde eignen sich für emotionale Themen wie Liebe, Freundschaft, Heilung sowie zur Akzeptanz von Dingen, die es einem schwer machen, aber auch für Dinge, die einer Reinigung bedürfen und schließlich für Fruchtbarkeitsthemen.

Nordwind

Nordwind ist kalt und hat mit dem Winter zu tun. Nutzen Sie diesen Wind für Themen, die mit Stabilität, Arbeit, Sicherheit, Gesundheit und Ordnung zu tun haben. Dieser Wind eignet sich sehr, um alle Formen von Negativität und schlechte Gewohnheiten zu bannen. Ungeeignet ist er für Fruchtbarkeitsrituale oder Geldangelegenheiten. Es sei denn, Sie möchten, daß man Ihr Bankkonto einfriert...

ALLGEMEINE KORRESPONDENZEN

Element	**Luft**
Geschlecht	männlich
Planeten	Merkur, Venus, Uranus
Temperament	melancholisch
Psychisch	zwanghaft
Typ	Denker
Jungianisch	aufgeweckt und neugierig
Sinn	Tastsinn
Geschmack	salzig
Stoff	Gase
Synonym	verstandesorientiert
Körperteile	Lungen, Dickdarm, Haut
Magische Gegenstände	Weihrauchfäßchen, Schwert, Athame, talking stick
Magieform	Wetter, Vogel, Didgeridoo, Musik, Klangschale, Blumen
Steine	Moosachat, gelber Karneol, Chalzedon, Chrysokoll, Jade, Kunzit, blauer Topas, hellblauer Saphir, hellblauer Fluorit
Bäume	Vogelbeere, Esche, Tanne, Mispel, Weide, Silberpappel
Naturwesen	Sylphiden
Musikinstrumente	Blasinstrumente, Klangschalen
Tarot	Schwerter
Jahreszeit	Frühling
Feste	Imbolc und Ostara
Temperatur	Hitze
Metalle	Kupfer
Tageszeit	Morgengrauen
Lebensabschnitt	0-20 Jahre
Qualitäten	kommunikativ, sozial, unbekümmert, analytisch, philosophisch, originell, intellektuell, rational neugierig, erforschend
Fehler	übertrieben theoretisch, übertrieben analytisch, rationalisierend, Kontrolldrang und -zwang, neurotisch, gefühllos

ÄTHERISCHE ÖLE

Ätherische Öle mit einem starken Luftcharakter stammen in der Regel aus den Blättern von Bäumen und Pflanzen. Einige Zitrusöle gehören auch in diese Gruppe.

Backhousia	Backhousia citriodora
Bay	Pimenta racernosa
Borneol (Kampfer)	Dryobalanopsis aromatica
Citronelle	Cymbopogon winterianus
Douglasie	Pseudotsuga menziessi
Eukalyptus citriodora	Eukalyptus citriodora
Eukalyptus globulus	Eukalyptus globulus
Eukalyptus smithi	Eukalyptus smithi
Kanuka	Kunzea ericoides
Katzenminze	Nepeta cataria
Kiefer	Pinus sylvestris
Krauseminze	Mentha spicata
Lavendel, echter	Lavendula angustifolia
Lavendelsalbei	Salvia lavendufolia
Lorbeer	Laurus nobilis
Manuka	Leptospermum scoparium
Melisse	Melissa officinalis
Muskatellersalbei	Salvia sclarea
Myrte	Myrtus communis
Niaouli	Melaleuca viridiflora
Petit Grain	Citrus aurantium
Pfefferminze	Mentha piperita
Ravensara	Ravensara aromatica
Salbei	Salvia officinalis
Salbei triloba	Salvia triloba
Schopflavendel	Lavendula stoechas
Strandkiefer	Pinus pinaster Soland
Teebaum	Melaleuca alternifolia
Terpentin	Pinus pinaster
Weißtanne	Abies alba
Ysop	Hyssopus decumbens

Die Wirkungen der genannten Öle sind derart vielfältig, daß es kaum möglich ist, sie in wenigen Worten darzulegen. Darum empfehle ich Ihnen, in speziellen Büchern zu diesem Thema nachzuschlagen, bevor Sie weitere Anwendungen der Öle ausprobieren.

MANTRAS

Heilendes Mantra – HARI OM
Sich selbst als göttlich erfahren – SIVO HAM
Friede – OM SHANTI
Die himmlische Realität – HARI OM TAT SAT
Mantra für Spiritualität – OM SRI RAMA JAYA RAMA JAYA RAMA
Begrüßung des Verstandes – OM MANI PADME HUM
Luft/Himmel – BRUVAH
Luft/Himmel – SVANAH
Vertreiben von Unwissenheit, Kummer und Sorgen – BHARGO
Intelligenz und Weisheit – DHEEYO YO NA
Inspiration – PRACHODAYAAT
Überfluß verschiedenster Art – SHRIM

Mantras für die Heilung der Chakren:

1 LAM	4 YAM
2 VAM	5 HAM
3 RAM	6 OM / AUM

LUFTGÖTTINNEN UND - GÖTTER

(Ä) – Ägyptisch, (G) – Germanisch, (GR) – Griechisch,
(K) – Keltisch, (R) – Römisch

Luftgöttinnen

Antheia (GR) –- Frühlingsgöttin der Gärten, Blumen und der sich entfaltenden Erde und Liebe.

Ceibhfionn (K) – Irische Göttin der Inspiration. Sie schützte die Quelle des Wissen vor den Menschen.

Chloris (GR) (Flora R) – Chloris (Flora R) - Göttin der Blumen, Blüten und blühenden Pflanzen. Sie ist die Gattin Zephyrs (Gott des Westwinds).

Kybele (GR) – Eine der Muttergottheiten. Sie symbolisiert das Element Luft und die Fruchtbarkeit. Im Frühling wurden Kybele-Feste gefeiert, bei denen ihre Priester orgiastische Rituale ausführten (Orgien).

Eos/Aurora (GR) – Göttin des Sonnenaufgangs.

Ersa – Göttin des Taus.

Eurynome (GR) – Eine schöpferische Göttin, die nackt aus dem Chaos entstieg und mit ihrem Tanz das Licht von der Dunkelheit trennte und das Meer von der Luft. Ihr Tanz zeugte einen Luftwirbel hinter sich, den Wind, der sich in eine Schlange verwandelte und Orphion nannte.

Flora (R) – Göttin der blühenden Blumen und des Frühlings.

Harpyien (G) – Griechische Sturmgöttinnen, dargestellt als Raubvögel mit Mädchengesichtern. Die vier Harpyien heißen Podarge, Kelaino, Okipete und Aello.

Iris (GR) – Göttin des Regenbogens. Botschafterin der Götter, speziell der Göttin Hera, deren Befehle sie den Menschen überbringt.

Maia (GR) – Göttin des Frühlings, der Jugend, Liebe und Wiedergeburt.

Minerva (R) (Athena G) – Göttin der Weisheit, Arzneien, der schönen Künste und Musik, der Wissenschaft und des Krieges. Schutzgöttin der Heilberufe.

Mut (Ä) – Muttergöttin, Symbol für die Luft.

Nut (Ä) – Muttergottheit. Göttin des Himmels und des Elements Luft.
Pheme (GR) (Fama R) – Göttin von Ruhm und Ehre. Sie verkündete alles, was sie hörte. Zunächst sagte sie es nur wenigen, dann aber laut, bis alle es gehört hatten.
Philyra (GR) - Göttin der Schönheit. Personifizierung von Schönheit, Wohlgeruch, Gesundheit und des Schreibens. Philyra war die Erfinderin des Papiers.
Renpet (Ä) - Göttin des Jahres, der Jugend und des Frühlings.

LUFTGÖTTER

Amon (Ä) – Gott des Windes, der Fruchtbarkeit und der Geheimnisse. Amon wird mit kräftigem, schneckenförmigem Widdergehörn, aber auch als Sphinx abgebildet.
Amun (Ä) – Gottheit, die das Element Luft verkörpert.
Anhur (Ä) - Gott mit der Kraft der Sonne. Symbolisiert Luft und Feuer.
Apeliotes (GR) – Griechischer Gott des Ostwinds. Sorte für frischen Wind und fruchtbaren Regen.
Apollo (GR) – Gott der Zerstörung und der Ekstase, der Musik, der Wahrsagerei, der Poesie, des Tanzes, Beschützer der Hirten und ihrer Herden. Auch der Gott der Heilung, der die Menschen Wissen über Arzneien gab und Gott des Lichtes und der Wahrheit. Er war auch der Gott des Lichts und der Wahrheit, und konnte daher nicht lügen.
Boreas (GR) – Gott des Nordwinds.
Bragi/Brage (G) - Gott der Poesie und Beredsamkeit.
Euros (GR) – Manchmal als Gott des Ostwindes genannt, ebenso oft aber auch als Gott des Südostwinds. Bracht in der Regel schweres, drückendes Regenwetter mit und zauberte immer auch ein nettes Unwetter aus der Tasche.
Favonius (R) - Gott des sanften Westwindes und Ankündiger des Frühlings.
Hermes (GR) - Gott des Handels und Botschafter der Götter, die durch ihn Nachrichten an die Sterblichen gaben und umgekehrt Botschaften der Menschen erhielten. Er steht für Kommunikation, Gesundheit,

Wissenschaft und Einsicht. Er ist der Gott der Schafhirten, der Händler, der Maße und Gewichte, der Redekunst, Literatur, Athletik und ist berühmt für seine Spitzfindigkeit.
Horus (Ä) - Gott des allsehenden Auges. Wird als Mensch mit einem Falkenkopf abgebildet. Luftgott, dessen linkes Auge der Mond und dessen rechtes Auge die Sonne ist.
Jupiter (R) (**Zeus** G) - Gott der Luft und des Lichts, Schutzgott des Staates und der Gesetze.
Kaikias (GR) – Gott des Nordostwinds und verantwortlich für rauhes Wetter, namentlich Hagel, Sturm und Unwetter. In seinen Händen trug er einen Kübel, aus dem er Regen und Hagel über der Erde ausgoß.
Khepera/Kherpi/Khepry (Ä) – Sonnengott, dargestellt Skarabäus, steht für das Element Luft.
Lips (GR) – Gott des Südwestwindes und des Regens. Er hielt in seinen Händen immer die Reste eines Schiffes. Er blies die Reste der Schiffswracks an den Strand.
Merkur (R) (**Hermes** G) - Gott des Handels, der Kommunikation, der Reisenden und der Gesundheit.
Notos (GR) (**Auster** R) – Gott des Südwinds.
Shu (Ä) - Gott der Luft. Erscheint als Krieger und Löwe.
Skiron (GR) – Gott des Nordwestwinds.
Summanus (R) - Gott der nächtlichen Dunkelheit.
Thor (G) – Germanischer Gott des Donners. Sein Symbol ist der Hammer Mjollnir.
Thot/Tahuti/Djeheuty (Ä) (Hermes GR) – Gott der Weisheit, reist als Botschafter zwischen den Göttern des Himmels und den Göttern der Unterwelt hin und her. Gott des Mondes, der Magie, Kommunikation, Mathematik, Musik, Astronomie, des Zeichnens und Schreibens.
Typhon (GR) – Gott des Sturms.
Vulturnus (R) (**Eurus** G) - Gott des Ostwindes.
Zephyr (GR) (**Favonius** R) - Gott des Westwindes, des freundlichsten aller Winde.
Zeus (GR) (**Jupiter** R) – – Luftgottheit und Vater Götter und Männer. Symbolisiert das Element Luft.

MAGISCHE SCHRIFT

Verwenden Sie folgende Schriftzeichen in Ihrem magischen Tagebuch und bei Sprüchen.

TABELLE FÜR KERZENMAGIE

Ziel: **Astrale Projektion**
Farbe: hellblau, silber, lila, hellrosa und zartgelb
Öl: Benzoe, Zimt, Jasmin, Sandelholz

Ziel: **Schutz**
Farbe: blau
Öl: Engelwurz (Angelika), Zeder, Zimt, Gewürznelke, Fenchel, Wacholderbeere, Myrrhe, Niaouli, Pfefferminze, Petit Grain

Ziel: **Wahrsagen**
Farbe: orange, gold, blau
Öl: Anis, Orange, Gewürznelke

Ziel: **Geld und Erfolg**
Farbe: grün, gold, violett
Öl: Basilikum, Bergamotte, Kamille, Zimt, Gewürznelke, Ingwer, Jasmin, Orange, Kiefer, Vetiver

Ziel: **Glück**
Farbe: rosa, grün, orange und gold
Öl: Lavendel, Orange, Muskatnuß, Rose, Vetiver

Ziel: **Sehnsucht**
Farbe: rot
Öl: Zimt, Gewürznelke, Zitronengras, Rosmarin, Vanille, Ylang-Ylang

Ziel: **Heilung**
Farbe: alle Pastelltöne
Öl: Lorbeer, Koriander, Zeder, Wacholderbeere, Citronelle, Palmarosa, Rosmarin

Ziel: **Liebe**
Farbe: rot, rosa und weiß
Öl: Neroli, Orange, Basilikum, Zimt, Koriander, Geranium Bourbon, Zitrone, Vetiver, Ylang-Ylang

Ziel: **Meditation**
Farbe: orange
Öl: Jasmin, Myrrhe, Kamille, Sandelholz

Ziel: **Mut**
Farbe: rot
Öl: schwarzer Pfeffer, Geranium Bourbon, Tonka, Thymian

Ziel: **Mentale Kraft**
Farbe: grün und violett
Öl: Anis, Lorbeer, Zimt, Muskatnuß, Pfefferminze, Orange

Ziel: **Reinigung**
Farbe: violett, silber, weiß
Öl: Limone, Pfefferminze, Myrrhe, Kamille, Lavendel, Zeder

Ziel: **Austreibung**
Farbe: schwarz
Öl: Basilikum, Kiefer, Gewürznelke, Pfefferminze, Wacholderbeere, Myrrhe, Rosmarin, Sandelholz

SYMBOLIK DER FARBEN

Farbe

B) = Bedeutung
M) = Magische Wirkung

Rot – B) Lebensfreude, Emotionen, die Farbe der aufgehenden Sonne. Eine dynamische Farbe, die aktiviert und großes Selbstvertrauen gibt. Diese Farbe regt an, macht energisch und ist sehr durchdringend. Hilft bei Blutarmut, Diät und Abgespanntheit. – M) Liebe, Passion, Willenskraft, Tatkraft, Mut, Aggression, stimulierende Farbe.

Rosa – B) Die Farbe des Herzens. Symbolisiert Liebe, Zuneigung, Harmonie und Tagträume. Diese Farbe ist buchstäblich süß. – M) Geld und Erfolg, Liebe, Gesundung, Glück, Heilung, astrale Projektion, Ruhe, Freundschaft, Weiblichkeit.

Orange – B) Steht für Optimismus und Lebensfreude und gibt Mut, Kraft, Herzlichkeit und Freude. Stimuliert die Selbstbeherrschung. Diese spirituelle Farbe ist gut für das Selbstvertrauen. Orange hilft bei Magersucht, Allergien, Energiemangel, Trübsinnigkeit und Blutarmut. – M) Wahrsagen, Kreativität, Glück, Meditation, Freude.

Braun – B) Die Farbe der Erde und damit der Stabilität und Geborgenheit. Braun ist eine Naturfarbe, unauffällig aber unverzichtbar. – M) Austreibung, Leidenschaft, Konzentration, Studium, Auffinden verlorener Gegenstände.

Gelb – B) Weisheit, Denkvermögen und Intelligenz. Steht auch für Kreativität, Freude und Aufgewecktheit. Gelb wird mit der Sonne assoziiert. Hilft bei der Harmonisierung des Nervenkostüms, bei Magenproblemen, Verdauung, Stimmungsschwankungen und Lernschwierigkeiten. – M) Kommunikation, Studium, Reisen, astrale Projektion, mentale Kraft, Konzentration, hebt Flüche auf, Vertrauen.

Grün – B) Naturfarbe, stabil, frisch und angenehm. Grün beruhigt die Nerven, schärft die Sinne und verleiht Ruhe und Entspannung, sorgt für Gleichgewicht und Harmonie und steht für Friede und Hoffnung. Grün hilft bei Krämpfen, Arthrose, Augenschmerzen, Erkältung und

Grippe, chronischen Entzündungen und Vergiftungen. – M) Geld und Erfolg, Ruhe, Friede, Kunst, Attraktivität, Fruchtbarkeit, Harmonie.

Türkis – B) Selbstbewußtsein, Freundschaft und Phantasie. Eine sehr aparte Farbe, die Menschen mit Kontaktschwierigkeiten hilft. – M) Heilung, astrale Projektion, Hellsichtigkeit.

Blau – B) Ruhe, Frieden, Entspannung und Harmonie. Bei Blau denken Sie sofort an die Farbe des Himmels. Diese Farbe gibt ein wohltuendes Gefühl von Zufriedenheit und Ruhe. Hilft bei Entzündungen, Zahnschmerzen, Verbrennungen und inneren Blutungen. – M) Schutz, Heilung, Studium, astrale Projektion, Hellsichtigkeit, Weisheit.

Indigo – B) Mystische, spirituelle Farbe die mit Ausgewogenheit, Harmonie und Vollständigkeit in Verbindung gebracht wird. Indigo hilft bei Wachstumsstörungen und Krankheiten am Kopf. – M) Mentale Kraft, Ausgeglichenheit, Leidenschaft, Unabhängigkeit, Kommunikation, Meditation.

Violett – B) Verwandlung, Spiritualität, Mystik und Magie. Hilft bei Haarausfall, Gürtelrose und Migräne. – M) Astrale Projektion, Unabhängigkeit, Abschied, Hellsichtigkeit, Kraft, Meditation.

Grau – B) Vorsicht, Kompromisse, Ruhe und Flexibilität. - M) Eine Farbe, die neutralisiert, Ruhe.

Schwarz – B) Depression, Verlust. In den westlichen Ländern die Farbe von Tod und Reue. Schwarz wird mit Aussichtslosigkeit, das schwarze Loch, Elend und Verdruß assoziiert, bedeutet aber auch einen starken Lebenswillen, Stil und Geheimnis. – M) Bannen, Vernichten, Abschied, das Irdische, eine absorbierende Farbe, Kontrolle.

Weiß – B) Reinheit, Klarheit und Unschuld; Symbol des Lichts, des Jenseits und der universellen Liebe – M) Mondmagie, Reinigung, neutralisierend, astrale Projektion, Einweihung, Schutz.

Silber – B) Wird mit dem Mond und mit Reinheit assoziiert. - M) Mondmagie, astrale Projektion, Friede, Hellsichtigkeit, Stabilität, Aus geglichenheit, Wahrsagen.

KORRESPONDENZEN ZUR ASTROLOGIE

Element	*Tierkreiszeichen*	*Planet*	*Haus*
Feuer	Widder	Mars	1
Erde	Stier	Venus	2
Luft	Zwillinge	Merkur	3
Wasser	Krebs	Mond	4
Feuer	Löwe	Sonne	5
Erde	Jungfrau	Merkur	6
Luft	Waage	Venus	7
Wasser	Skorpion	Pluto	8
Feuer	Schütze	Jupiter	9
Erde	Steinbock	Saturn	10
Luft	Wassermann	Uranus	11
Wasser	Fische	Neptun	12

ASZENDENT BERECHNEN

Tierkreiszeichen → / geburtszeit ↓	♈	♉	♊	♋	♌	♍	♎	♏	♐	♑	♒	♓
04-06	♈	♉	♊	♋	♌	♍	♎	♏	♐	♑	♒	♓
06-08	♉	♊	♋	♌	♍	♎	♏	♐	♑	♒	♓	♈
08-10	♊	♋	♌	♍	♎	♏	♐	♑	♒	♓	♈	♉
10-12	♋	♌	♍	♎	♏	♐	♑	♒	♓	♈	♉	♊
12-14	♌	♍	♎	♏	♐	♑	♒	♓	♈	♉	♊	♋
14-16	♍	♎	♏	♐	♑	♒	♓	♈	♉	♊	♋	♌
16-18	♎	♏	♐	♑	♒	♓	♈	♉	♊	♋	♌	♍
18-20	♏	♐	♑	♒	♓	♈	♉	♊	♋	♌	♍	♎
20-22	♐	♑	♒	♓	♈	♉	♊	♋	♌	♍	♎	♏
22-24	♑	♒	♓	♈	♉	♊	♋	♌	♍	♎	♏	♐
24-02	♒	♓	♈	♉	♊	♋	♌	♍	♎	♏	♐	♑
02-04	♓	♈	♉	♊	♋	♌	♍	♎	♏	♐	♑	♒

♈ Widder
♉ Stier
♊ Zwillinge
♋ Krebs
♌ Löwe
♍ Jungfrau
♎ Waage
♏ Skorpioen
♐ Schütze
♑ Steinbock
♒ Wassermann
♓ Fische

GLOSSAR

Akasha – Das herausragende und zarteste Element (der 5 Elemente Indiens). Es bedeutet wörtlich übersetzt „Raum", „Leere", „das alles Durchdringende".

Alchemie – Esoterische Wissenschaft, die mit den hermetischen Schriften, der Physik und Chemie arbeitet. Ein Alchemist strebt danach, den Stein der Weisen und das Lebenselixier zu finden, die beide außergewöhnliche Qualitäten besitzen. Die persönliche Entwicklung auf dem Weg zu diesem Ziel ist jedoch noch wichtiger.

Altar – Kleine, flache Oberfläche, z.B. ein Tischchen, auf dem magische Gegenstände liegen. Wird für die Ausführung von Ritualen benötigt.

Amulett – Ein magisch aufgeladener Gegenstand, der zum Schutz dient.

Anaximander – Griechischer Philosoph (611 - 547 v.Chr.) Er unterstellte, daß das Apeiron, das Unbenennbare, die göttliche Quelle ist.

Anaximenes – Griechischer Philosoph (585 - 528 v.Chr.). Er hielt die Luft für das Urelement.

Ankh – Das ägyptische Symbol für Leben, Liebe und Wiedergeburt.

Aristoteles – Griechischer Philosoph (384 - 322 v.Chr.). Er entwickelte die Theorie der vier Elemente und der Transmutation und sah den Äther als fünftes Element.

Ásatrú – Eine Strömung, die zum germanischen Heidentum zählt.

Astrale Projektion – Alles, was in der feinstofflichen Welt geschieht und daher nicht mit unseren 5 physischen Sinnen, wohl aber mit dem 6. Sinn, wahrgenommen werden kann.

Astralkörper – Der Lichtkörper oder feinstoffliche Körper, den jeder Mensch hat. Er ist mit dem irdischen Körper mit einer Art Band (Silberschnur) verbunden.

Astralreise – Das Bewegen durch Dimensionen, die außerhalb der irdischen Zeit und des irdischen Raums liegen. Reisen auf der Astralebene, die auch die vierte Dimension genannt wird.

Aszendent – Das Tierkreiszeichen, welches während der Geburt am östlichen Horizont erscheint.

Äther – Das fünfte Element. Geist.

Aura – Eine Sphäre, die jedes lebende Wesen um sich hat und in der sich Erfahrungen, Charakter und Veranlagung zeigen.

Austreten – Aus dem physischen Körper heraustreten, um sich einige Zeit auf der Astralebene zu bewegen.

BDS (BOS) – Buch der Schatten (Book of Shadows). Handgeschriebenes magisches Arbeitsbuch mit Sprüchen, Formeln und Rezepten einer Hexe.

Beltane/Beltaine – Fruchtbarkeitsfest am 1. Mai, welches am Abend zuvor gefeiert wird. Eine von 8 Sabbaten.

Besen – Bekanntes Hexensymbol. Wird für Reinigungsrituale zur Entfernung unerwünschter Energien verwendet.

Brown, Yull (1922- 1998) – Wissenschaftler, der das Brown'sche Gas (ca. 1970) entdeckte.

Caduceus – Alchemistisches Symbol, welches Dualität bedeutet. Zugleich Symbol des Handels, der Heilkunde und der Kommunikation.

Cerealoge – Kornkreisforscher.

Chant – Rhythmisches Wiederholen eines Reims oder Spruchs, mit oder ohne instrumentale Begleitung.

Coven – Hexenkreis, traditionell aus mindestens 3, maximal aber 13 Hexen bestehend, die Hohepriesterin mitgezählt. Gegenwärtig gibt es jedoch auch größere Hexenkreise.

Deosil – Im Uhrzeigersinn.

Druidentum – Naturnahe Lebensweise, vor allem mit keltischen Einflüssen, häufig in Gruppenverbänden, wobei die Belange von Mutter Erde im Mittelpunkt stehen. Auch die Entwicklung der Kreativität spielt eine wichtige Rolle. Druide können Sie über einen Einweihungsweg mit verschiedenen Graden werden.

Eklektische Hexerei – Mix aus verschiedenen (Hexen-)Traditionen. Eine eklektische Hexe nutzt sowohl schamanische als auch druidische Elemente in ihren Ritualen, etwa indem sie Totemtiere mit dem keltischen Baumorakel kombiniert.

Elemente – Erde, Feuer, Wasser und Luft. Die im Westen gebräuchlichen Bezeichnungen stammen vom griechischen Philosophen Empedokles.

Eleusismysterien – Gebunden an den Demeter-Kult, dessen Zentrum sich in Eleusis befand, daher der Name. Eleusis ist ein wichtiger Ort im Mythos von Demeter und Persephone. Auch als Demeter-Kult bezeichnet.

Empedokles – Griechischer Philosoph (494 - 434 v.Chr.), der den Begriff der vier Elemente erdachte.

Erde – Element mit der größten Dichte aller Elemente, welches den anderen Elementen Stabilität und Form gibt.

Erdstrahlen – Auch als Elfen- oder Trolllinien bekannt. Diese Linien haben eine starke Energie, oft negativ, und verlaufen wie ein Netzwerk rund um die Erde.

Erdzeichen – Tierkreiszeichen mit irdischen Eigenschaften: Stier, Jungfrau, Steinbock.

Esbat – Mondfest, meist bei Vollmond, wenngleich manche Hexen auch an Neumond Esbat feiern.

Feuer – Eines der vier (fünf) Elemente. Korrespondiert mit Themen wie Transformation, Sehnsucht, Wille, Kreativität, Erkenntnis.

Germanisches Heidentum – Eine Strömung, in der die germanische Mythologie eine wesentliche Rolle spielt. Daneben sind die Natur, die Menschen, die Sprache und die Geschichte von großer Wichtigkeit.

Heraklit von Ephesus – Griechischer Philosoph (ca. 540 - 480 v.Chr.). Er hielt das Feuer für den Anbeginn von allem.

Hermetische Schriften (Corpus Hermeticum) – Man nimmt an, daß diese Schriften geheime Informationen der ägyptischen Mysterienschulen über Alchemie, Astrologie, Mathematik, Physik, Baukunst und Magie enthalten. Sie sollen von dem ägyptische Gott Thot zusammengestellt worden sein, der im Griechischen Hermes (Hermes trismegistus) genannt wurde.

Hexe – Das Wort 'Hexe' kommt ursprünglich aus dem althochdeutschen hagetisse oder haechdisse. Eine hagetisse (hagezussa, hagadessa) war jemand, der auf Hecken oder Zäunen ritt, also auf der Grenze zwischen den

Welten. Es gibt verschiedene Arten von Hexen, u.a. Solohexen und Wicca's. (Darüber mehr in meinem Buch *Alte Traditionen – Moderne Hexen*).

Hexerei – Manche Menschen nennen es eine Religion, man kann Hexerei aber einfach nur als eine Lebensweise auffassen. Diese Lebensweise studiert natürliche Prozesse und hält die natürlichen Abläufe in Ehren, nutzt aber auch ganz praktisch Methoden wie das Wahrsagen oder die Magie. Rituale dienen dazu, mit den Kreisläufen der Natur und des Menschen selbst in Harmonie zu kommen. Rituale werden meistens an den Höhepunkten der Jahreszeiten, während der Höhepunkte des Mond- oder Sonnenzyklus, und an wichtigen Stationen des Lebens vollzogen.

Hippokrates – Griechischer Philosoph (460-377 v.Chr.). Legte die vier Temperamente und die vier Körpersäfte fest.

Imbolc/Oimelc – Jahresfest, gefeiert am 1. oder 2. Februar. Dabei wird die keltische Göttin Brigid verehrt. Aussaatfest, welches nach der Geburt der ersten Lämmer gefeiert wird.

Jul – Jahresfest am 21. Dezember, bei dem die Rückkehr des Lichts gefeiert wird.

Jung, Carl Gustav – Schweizer Psychiater (1875-1961), der seine analytische Psychologie auf die Basis der vier Elemente stellte.

Kelch (chalice) – Weibliches Element, das zugleich das Element Wasser symbolisiert.

Kessel (cauldron) – Symbol für die Göttin, für Wiedergeburt, Unsterblichkeit und für das Element Wasser. In dem Kessel wird ein Feuer entzündet, worin rituell Gegenstände verbrannt werden, etwa Papier mit aufgeschriebenen magischen Formeln.

Konsekrieren – Weihen/segnen eines Gegenstandes mit Energie.

Kornkreise – Kreise und Abbildungen (Piktogramme), die auf geheimnisvolle Weise spontan in einem Kornfeld entstehen, wahrscheinlich unter Einfluß sehr starker Energien.

Kreis – Magischer Raum, in dem die Hexe ihre Rituale ausführt.

Kundalini (Feuerschlange) – Energieform, die etwa durch Tantra geweckt wird und mit der die Einswerdung mit dem Göttlichen erreicht wird.

Lebenselixier – Begriff aus der Alchemie. Ein Trank, der ewiges Leben verleiht.

Leylinien – Auch als Drachenwege bekannt. Sie sind Linien mit starker Energie, oft positiv, die in einem Netzwerk über die ganze Erde verlaufen. Es handelt sich um Kraftorte, wo häufig wunderliche Erscheinungen gesichtet werden.

Luft – Eines der vier (fünf) Elemente. Korrespondiert mit den Themen Kommunikation, Reisen, Verbindung, Analysieren, Gedanken.

Lughnasadh/Lammas – Jahresfest um den 1. August, bei dem die Getreideernte gefeiert wird.

Luzider Traum – Ein Traum, in dem Sie wissen, daß Sie träumen, wodurch Sie den Traum in bis zu einem gewissen Punkt steuern können.

Mabon – Jahresfest am 21. September, dem Herbstäquinoktium. Ein Dankfest zum Abschluß der Ernte.

Magie – Das Beeinflussen von Energie durch Kombination der eigenen mentalen Energie mit verschiedenen Hilfsmitteln. Auch: Verehrung der Götter. Im Englischen wird der Begriff magick mit ‚ck' geschrieben, im Unterschied zum von Illusionisten angewendeten Wort magic.

Magnetisieren – Mit Energiestrahlen verstehen.

Mithraskult – Kult, der vor allem von Männer ausgeübt und im Jahre 395 verboten wurde.

Naturphilosophen – Philosophen, die sich mit Theorien rund um die Naturbegriffe Erde, Wasser, Feuer und Luft beschäftigen.

NTE – Nahtod-Erfahrung.

OBE – Out of Body Experience, siehe unter Austreten.

Ostara – Jahresfest, Frühjahrsäquinoktium am 21. März.**Paganismus** – Allgemeiner Begriff für Heidentum bzw. seiner modernen Erscheinungsformen (auch Neu-Heidentum). Dazu zählen etwa die Hexerei und Wicca, Druidentum, germanisches Heidentum und Schamanismus.

Paganismus – Allgemeiner Begriff für Heidentum bzw. seine modernen Erscheinungsformen (auch Neuheidentum). Dazu zählen etwa die Hexerei und Wicca, Druidentum, germanisches Heidentum und Schamanismus.

Paracelsus – Alchemist, Astrologe und Naturheilkundiger (1493-1541). Prägte den Begriff tria-prima (Alchemie) und beschrieb die Naturwesen.

Pentagramm – Fünfzackiger Stern, das wohl bekannteste Hexensymbol. Die fünf Spitzen symbolisieren Erde, Wasser, Luft, Feuer und Geist (Äther).

Pentakel – Pentagramm auf einer Scheibe, die auf dem Altar liegt und die Erde symbolisiert. Auf dieser Scheibe werden magische Handlungen vollzogen.

Plato – Griechischer Gelehrter (ca. 427-347 v.Chr.). Entdeckte die fünf platonischen Formen.

Präzession – Die Kreiselbewegung der Erdachse. Ein Präzessionszyklus dauert ca. 25920 Jahre.

Qadishtu (Nu-gig) – Babylonische Tempelpriesterinnen.

Ragnarök – Der Endkampf der germanischen Mythologie, in dem die Feuerriesen alles in Brand setzen und so den Weltuntergang bewirken.

Reiki – Universelle Lebensenergie.

Runen – Magische Schriftzeichen, die unter anderem in der Bindungsmagie, einer sehr starken Magieform, aber auch in der Wahrsagerei verwendet werden.

Sabbat – Jahresfest. Er es gibt acht Jahresfeste: Imbolc, Beltaine, Lughnasadh, Samhain, Mabon, Litha, Ostara und Jul.

Samhain (Halloween) – Jahresfest, welches am 31. Oktober gefeiert wird und den Winter einläutet. Für Hexen ist dieser Tag der Beginn ihres neuen Jahres (Hexenneujahr).

Schamanismus – Uralte, jetzt wieder populäre spirituelle Strömung, welche die Weisheiten der Schamanen aus aller Welt (Nordamerika, Afrika und Sibirien) bezeichnet. Der Neoschamanismus kombiniert unterschiedliche Richtungen miteinander.

Schwitzhütte (Inipi) – Schamanistischer Brauch, der vor allem von den nordamerikanischen Indianern gepflegt wird und nun auch im Westen immer mehr Anhänger findet. Die Hütte versinnbildlicht den Bauch der Mutter Erde und wird derart aufgeheizt, daß man in eine Art Trance verfällt.

Shapeshifting – Gestaltwandeln. Englischer Begriff für das Verändern der eigenen Gestalt (z.B. Verwandlung in einen Raben oder Adler), wie es vor allem von Schamanen praktiziert wird.

Stab – Magisches Werkzeug aus Holz. Eine moderne Hexe benötigt zwei Stäbe, einen kurzen und einen langen, die für jeweils andere Zwecke verwendet werden.

Stein der Weisen – Begriff aus der Alchemie. Die Formel, die einfache Metalle in Edelmetalle (Gold) transformiert.

Steinkreise – Hiermit werden sowohl einheimische Hünengräber als auch die großen keltischen Steinkreise (Stonehenge, Avebury in Großbritannien) und die megalithischen Monumenten (Menhire) etwa in Frankreich bezeichnet. Bisher ist noch nicht eindeutig nachgewiesen, wozu diese Kreise dienten. Die einen halten sie für Bebräbnisstätten, andere für Kalender.

Sterndeuterei – Eine Mischung aus Astrologie, Astronomie und Wahrsagen, wie sie u.a. in Babylonien praktiziert wurde.

Tantra – Eine Kombination östlicher Spiritualität, Sexualität und ritueller Magie, die viel Übung hinsichtlich Technik und Selbstbeherrschung verlangt.

Tattwas – Sanskrit-Wort für die elementaren Uranfänge. Bedeutet wörtlich ‚die Das-heit'. Es kursieren unterschiedliche Definitionen, doch meist werden mit Tattwa die fünf auch im Westen bekannten Elemente gemeint: Erde, Wasser, Luft, Feuer und Äther.

Thales – Griechischer Naturphilosoph (ca. 624-545 v.Chr.) Er glaubte, alles sei aus dem Element Wasser entstanden.

Tierkreis (Zodiac) – Die Bahn, in der die zwölf Tierkreiszeichen sich bewegen.

Tierkreiszeichen – Zwölf Segmente von jeweils 30° (zusammen 360°, die jährliche Umlaufbahn um die Sonne) die ihre Namen nach uralten Sternbildern erhielten. Die Tierkreiszeichen sind infolge der Präzession allerdings nicht mehr deckungsgleich mit den Sternbildern.

Trancereisen – Eine schamanische Meditationstechnik.

Wahrsagen – Wahres sagen, die Zukunft vorhersagen, Einsicht gewinnen mit Hilfe bestimmter Hilfsmittel.

Walpurgisnacht – Jahresfest, welches vor allem deutsche Hexen am 30. April feiern.

Wasser – Eines der vier (fünf) Elemente. Korrespondiert mit Themen wie Gefühle, Emotionen, Liebe, Häuslichkeit.

Wicca – Religiöse Strömung innerhalb des Paganismus und der Hexerei. Wicca gilt als Priesterschafts- bzw. Einweihungsreligion. Wenngleich Hexerei und Wicca häufig als dasselbe angesehen werden, gibt es wichtige Unterschiede. Wiccas nennen sich allerdings auch Hexen.

Winti – Surinamischer Naturglaube, in dem Luft- und Erdgeister eine wesentliche Rolle spielen.

Zarathustra (Zoroaster) – Altpersischer Prophet und Religionsstifter, der vor rund 2000 Jahren lebte. Begründer des Mazdaismus, eine Religion, die das Feuer in den Mittelpunkt stellt.

Zauber – Magische Handlung in Kombination mit einem Spruch.

LITERATUR

in deutscher Sprache (ergänzt durch den Übersetzerin)

Astrologie / Mond

Astrologie für Einsteiger – Marian Bollen. Iris, Amsterdam 2000
Vom richtigen Zeitpunkt. Die Anwendung des Mondkalenders im täglichen Leben – Johanna Paungger / Thomas Poppe. Irisana, München 28./1996

Divination

Das große Pendelbuch – Petra Sonnenberg. Iris, Amsterdam 1998
Das praktische Pendelset für Einsteiger - Petra Sonnenberg. Iris, Amsterdam 1999
Runen als Wegbegleiter - Magdalena Caland. Iris, Amsterdam 1997
Arbeiten mit den Wahrsagekarten von Mademoiselle Lenormand – Christiane Renner. Iris, Amsterdam 2002

Tarot

Tarot als Lebensweg – Karen Hamaker-Zondag. Iris, Amsterdam 2002
Was die Karten uns verraten – Petra Sonnenberg. Iris, Amsterdam, 2003

Kräuter, Öle, Blumen und Bäume, Edelsteine

Aromatherapie - Julia Lawless. Könemann, Köln o.J.
Die spirituelle Kraft der Bäume - Petra Sonnenberg. Iris, Amsterdam 1999
Dumont's Große Kräuter – Enzyklopädie. DuMont, Köln 2./1996
Enzyklopädie der Naturheilmittel - C. Norman Shealy. Könemann, Köln o.J.
Das Große Lexikon der Heilsteine, Düfte und Kräuter. Methusalem, Neu-Ulm 8./2000
Heilende Steine von A-Z – Petra Sonnenberg. Iris, Amsterdam 2000
Magie der Blumen - Eva Sawada. Iris, Amsterdam 2001
Weihrauch - Erna Droesbeke. Iris, Amsterdam 1998

Götter und Göttinnen
Ägyptische Mythologie – Günther Roeder. Komet, Frechen 2000
Lexikon der abendländischen Mythologie – Otto Holzapfel. Herder, Freiburg 1993

Wicca und Hexerei
Alte Traditionen – Moderne Hexen – Claudia van der Sluis. Iris, Amsterdam 2001
Besen und Pentagramme. Handbuch für junge Hexen – Minerva. Iris, Amsterdam 2001
Handbuch für Hexen – Noud van den Eerenbeemt. Iris, Amsterdam 3./2000
Kleines Lexikon des Hexenwesens – Ditte und Giovanni Bandini. dtv, München 2000
Das neue Lexikon des Aberglaubens – Walter Gerlach. Eichborn, Frankfurt/M. 1998
Von Abrakadabra bis Zodiakus. Lexikon des Aberglaubens und der magischen Künste – Christina Zacker. Falken, Niedernhausen 2000
Wicca – Die alte Religion im neuen Zeitalter – Vivianne Crowley. Edition Ananael, Bad Ischl 2./1998

Verschiedenes
Kerzen-Zauber - M.E.Caland. Iris, Amsterdam 1999
Lexikon des Geheimwissens – Horst E. Miers. Goldmann, München 1993
Lexikon der Symbole – Wolfgang Bauer u.a. Heyne, München 14./1997

in englischer Sprache
Earth, air, fire & water – Scott Cunningham. Llewellyn, Minnesota 2002
Earth, Water, Fire and Air – Cait Johnson. Skylight Paths Publishing, Woodstock 2003
Encyclopedia Of Magickal Herbs – Scott Cunningham. Llewellyn
The curious lore of precious stones – George Frederick Kunz. Dover Publications, New York, 1913
The Great Cosmic Mother, rediscovering the religion of the earth – Monica Sjöö & Barbara Mor. Harper & Row 1987

Wisdom of the elements, the sacred wheel of Earth, Air, Fire and Water – Margie McArthur. The Crossing Press, 1998

Software

Astroscoop Plus, astrologische Software für Windows XP/95/NT, Schors, Amsterdam (niederländisch)

Video

Contact with the unknown intelligence behind the crop circles – Bert Janssen (PAL-video)
Crop Circles; The Research – Bert Janssen (PAL-video)

DANKWORT

Dank an Floris Methorst, Nederlandse vereniging tot Wetenschappelijk Onderzoek van de Astrologie, und Jacob Ruijling, der mir wichtige Literaturhinweise gab und mir einen unvergeßlichen Nachmittag mit bezaubernder Klarinettenmusik und tiefgründigen Gedichten in Spanisch, Deutsch, Französisch und Latein bescherte. Seine Weisheit, seine Tarotlegung und die Chaldäische Astrologie, die er anwendete, haben einen großen Einfluß auf meinen weiteren Lebensweg.
Dank auch an Irina Tudor, Sten Oomen, Janine van Riet, Mara de Weiß, Molaris, Scathach, Iris, Dragao, Jessie, Elisaday und Whiteshadow, die mir mit Rat und Tat, Rezepten, Methoden und Informationen halfen. Das gleiche gilt für Franciska van Soelen und Jolien Ritter.Auch die Ildancher waren dieses mal mit ihren Reimen wieder mit von der Partie, genauso wie mein lieber Freund Walter und der Astrologe Lyke Bagaya. Diana Zijlmans war mir mit ihren weisen Worten über das Medizinrad unverzichtbar. José Zwaneveld, Aromatherapeut, half mit mit Hinweisen über ätherische Öle und verschaffte mir allerlei Hausmittelchen und Rezepte.
Ich danke auch Remco und Hrodger Fréjawin für ihren Beitrag über das Germanische Heidentum und Ronn van Dinther und Gonneke Kalker (Deliah), die gemeinsam die schönen Fotos machten. Gonneke hat darüber hinaus einen maßgeblichen Anteil an diesen Büchern, weil sie so reizend war, mir ihre eigenen, sehr persönlichen Ritualen zu verraten.
Jur war wie immer wieder ein wundervoller Ratgeber. Mit seinem Wissen über Astronomie und Mathematik und seinem Interesse an den Mysterien konnte er mir immer wieder weiterhelfen und mir Feedback geben.
Ein besonderer Dank gilt meinem Verleger für seine Begeisterung, sein Vertrauen und seine Geduld.

Herzlichen Dank Euch allen!

ANMERKUNGEN

1. Die Erde steht nicht senkrecht zur Sonne.
Ihr etwas schiefer Achsstand wird Inklination genannt und beträgt etwa 23,5°. Die Kreiselbewegung die sie dadurch vollzieht, braucht einige Jahre, um einmal rund zu laufen. Das nennt man Präzessionszyklus. Die genaue Dauer eines solchen Zyklus wird in der Literatur mit unterschiedlichen Jahreszahlen angegeben, beträgt aber nach gesicherten wissenschaftlichen Erkenntnissen rund 25770 Jahre.
Die alten Ägypter errechneten einen Präzessionszyklus von 25920 Jahren. Sie waren nicht die einzigen, die sich mit diesem Phänomen beschäftigten. Es ist überaus bemerkenswert, daß man überhaupt schon vor so diese Kreiselbewegung entdeckte. Die Verschiebung vollzieht sich nämlich so allmählich, daß sie kaum zu bemerken ist und eigentlich erst nach mehrere Generationen dauernden genauesten Beobachtungen erkannt werden kann.

2. Bei paganistischen Festen unterscheidet man germanische und keltische Feste. Die germanischen Feste fallen auf den Zeitpunkt des Äquinoktiums, der Tag-und-Nachtgleiche, bzw. auf den längsten oder kürzesten Tag. Wegen ihrer Beziehung zur Sonne werden sie auch Feuerfeste genannt. Diese vier Tage betrachtet man noch heute als Beginn einer jeweils neuen Jahreszeit. Die keltischen Feste werden nicht zu bestimmten Zeiten gefeiert, fallen also jeweils durchaus auf unterschiedliche Daten. Signale für den Beginn des Festtages sind hier mehr Veränderungen und Zeichen in der Natur. Heute werden solche Feste von Anhängern der Naturreligionen und von modernen Hexen gefeiert. Man macht aber sehr wohl Unterschiede zwischen wichtigen und weniger wichtigen Festen.

3. Das Tarot, welches Sie als eine Art Lebensbuch in Bilder betrachten können, ist in zwei so genannte Arkanas gegliedert. In den Großen Arkana sind die Archetypen des Lebens dargestellt. Diese Archetypen sind uralte, kollektive Bilder, die jeder Mensch kennt wie etwa die Mutter (III - Die Herrscherin) oder den Vater (IV - Der Herrscher), die Waage

(VIII - Gerechtigkeit). Die Großen Arkana bestehen aus 22 Karten mit tiefer symbolischer Bedeutung. Die Kleinen Arkana bestehen aus 56 Karten, die tagtägliche Begebenheiten wiedergeben, Situationen, die jeder gut kennt. Das Tragen einer schweren Last beispielsweise (Stäbe 10) oder Spaß haben (Kelche 3). Die Kleinen Arkana gliedern sich in vier Farben, die jeweils ein Element als Baustein unseres irdischen Lebens symbolisieren:
Schwerter (Dolche) – Luft; hier geht es um Gedanken, Entscheidungen, Einsichten.
Stäbe – Feuer; hier geht es um Transformation, Energie, Aktion, Kraft, Lebensfreude, Aggression, Wille, Leidenschaft.
Kelche (Becher, Pokale) – Wasser; hier geht es um Gefühle, Emotionen, Vorstellungen, Phantasie.
Münzen (Pentakel, Scheiben) – Erde; hier geht es um Finanzangelegenheiten, Arbeit, Balance finden, Talente entdecken und entwickeln, Belohnungen.
Prüfen Sie beim Kartenlegen zunächst, wie stark die Energien strömen. Verspüren Sie eher eine nach außen strebende, aktive Energie oder eher eine nach innen wirkende, passive Energie?
Feuer und Luft sind beide beweglich, also aktiv. Sie können geradezu die flackernden Flammen vor sich sehen oder die Wolken, die vom Wind getrieben werden. Erde liegt still da und Wasser versickert im Boden, beide sind passiv.

4. Es ist nicht immer nötig, einen Kreis zu ziehen, erst recht nicht, bei einfachen rituellen Handlungen. Prüfen Sie sich selbst, ob Sie bei einem bestimmten Ritual ein Schutzbedürfnis haben. Wenn Sie sich beispielsweise auf eine andere Bewußtseinsebene begeben, ist es sicherer, einen Kreis zu ziehen. Diesen können Sie sich wie eine schützende Kugel um sich herum vorstellen. Ziehen Sie den Kreis mit dem Zeigefinger im Uhrzeigersinn und visualisieren Sie, daß nichts und niemand ohne Ihre Zustimmung diesen Kreis betreten darf. Wenn Sie Ihr Ritual beendet haben, heben Sie den Kreis in umgekehrter Richtung wieder auf.

ISBN 90-6361-011-4

ISBN 90-76274-19-3

Claudia van der Sluis

DIE VIER ELEMENTE

Kräfte und Eigenschaften der vier Elemente

ISBN 90 6361-018-1

ISBN 90 6361-019-X

ISBN 90 6361-020-3